증보판

AI 인류혁명 총서 1

AI 인류혁명

AI 문명대변혁과 한국형 소버린 AI의 길
"인간다움의 길을 열다"

안종배 국제미래학회 회장
인공지능 글로벌교육원 이사장

박영사

PREFACE

머리말

AI와 함께 여는 인류를 위한 문명
한국형 소버린 AI, AI 휴머니즘 선도
"인간다움의 길을 열다"

현재 빌보드 챠트 핫 차트에서 애니메이션 '케이팝 데몬 헌터스' OST로 AI 캐릭터 아이돌 걸그룹 '헌트릭스'가 부르는 '골든'이 1위를 기록하였다. 세계적인 패션 잡지 보그(Vogue)에 인공지능(AI)으로 생성된 모델이 메인으로 등장하였다.

이처럼 인류는 산업혁명과 정보혁명, 4차산업혁명을 넘어 새로운 문명사적 변곡점 앞에 서 있다. 그 중심에 인공지능(AI)이 있다.

AI는 우리의 일상과 의사결정, 창작과 관계, 가치와

정체성 전반을 재편하는 '보이지 않는 동반자'로, 스마트폰의 대화형 비서에서 예술 창작, 복지 행정, 의료 진단, 교통·에너지 관리에 이르기까지 영향력을 가속적으로 확장하고 있다.

특히 2022년 말 ChatGPT 등장으로 시작된 생성형 AI의 확산은 편리함을 넘어, 인간 고유라 여겨졌던 고등 인지와 창작 활동을 수행하기 시작했다. 이는 단순한 기술 혁신이 아니라 '인간과 비인간의 경계'를 재정의하는 문명적 사건이다. 따라서 우리의 물음은 "AI가 어디까지 발전할까?"에서 "AI 시대에 우리는 어떤 인간으로 살아갈 것인가?"로 전환된다.

이 책이 말하는 'AI 인류혁명'은 AI기술을 두려워하거나 미화하지 않는다. AI를 인류의 존엄과 행복을 확장하는 수단으로 삼아, 정치·경제·사회·문화·교육·환경·영성의 전 영역을 가치 중심으로 재설계하려는 실천적 제안이다. 그 기준의 핵심은 인간다움의 존중과 강화다. 곧, 자유의지·자율성(최종 판단과 책임은 인간에게), 개성적 창의성(데이터가 복제할 수 없는 상상·해석·맥락화의 힘), 따뜻한 인성(공감·배려·신뢰로 공동체를 지탱), 가치

지향 영성(의미와 목적을 설정하는 능력)이 새로운 문명의 나침반이다.

이 책은 AI 인류혁명 시대의 지도를 그린다. 그것은 산업과 경제의 재편, 정치와 거버넌스의 변화, 인간다움의 재발견, 새로운 권리와 윤리의 정립, 그리고 다음 세대가 살아갈 문명의 설계에 이르기까지 포괄적이다. 우리는 AI와의 공존 속에서 기술적 효율을 넘어 인간적 가치와 공동체적 지혜를 심화시키는 길을 모색해야 한다.

이 책에서

- 우리는 AI기술을 무엇을 위해 사용할 것인가?
- AI 시대에 인간다운 삶이란 무엇인가?
- 미래 세대는 어떤 인간으로 자라나야 하는가?
- 우리는 인간성을 지키면서 AI기술을 선용할 수 있는가?
- 한국형 소버린 AI가 나아갈 길은 무엇인가?

의 질문들에 대한 답을 탐색하며, AI의 기술적 진보 속에서 인간의 존엄성과 행복을 회복하고 인류가 '어떻게 살아갈 것인가'에 대한 방향을 제시하고자 한다.

인류가 AI와 함께 여는 새로운 문명은 단지 '더 스마트한 세상'이 아니라 '더 인간다운 세상'이어야 한다. 그것이 AI 인류혁명의 궁극적 목표이며, 우리가 함께 선택하고 설계해야 할 미래이다. 이제 AI가 몰고 오는 미래를 인간답게 사는 인류혁명, 인류를 위한 문명으로 함께 만들어 가자. AI와 함께 여는 인류를 위한 새로운 문명이 AI 인류혁명이다.

AI 인류혁명 시대 한국형 소버린 AI가 인간다움을 강화하며 AI 휴머니즘을 실현할 때 전 세계의 신뢰를 얻고 미래 AI의 표본이 된다. 이는 인류의 미래를 위해 한국에게 주어진 소명이자 기회이다.

CONTENTS

차례

PART 3
AI 인류혁명 시대, 인간다움의 강화와 가치 혁명

PART 4
인류 삶의 질 향상을 위한 AI 활용 전략

PART 5
AI 인류혁명을 위한 실천 방안

PART 6
AI 인류혁명 시대, 인간을 위한 미래

PART 7
AI 인류혁명 시대, 한국형 소버린 AI의 나아갈 길

PART

1

AI 인류혁명 시대, 인류의 새로운 도전과 기회

CHAPTER 1

왜 지금 'AI 인류혁명'인가?

인공지능의 급속한 발전과 보급은 인류 문명의 흐름을 이전과는 근본적으로 다른 '인간 존재 방식의 변화'로 변혁시키고 있다. AI는 이제 더 이상 연구실이나 소프트웨어의 일부가 아닌, 인간 삶의 전 영역에 침투한 실체로서 작용하고 있다. 스마트폰 속 음성비서부터 병원 진단 시스템, 교통 예측, 사무 업무 자동화, 개인 학습 도우미, 심지어 콘텐츠와 예술 창작까지, AI는 어느덧 우리 삶의 거의 모든 곳에서 '보이지 않는 파트너'로 존재하기 시작하였다.

그런데 왜 지금 필자는 'AI 인류혁명'이라는 담론을 제기하는가?

그 이유는 AI가 몰고 오는 지금의 변화는 단순히 편리함을 제공하고 생산성을 높이는 '기술적 혁신'이 아니라, 인간의 존재 방식을 근본적으로 흔드는 '문명적 변혁'이기 때문이다. AI는 인간의 노동, 감정, 결정, 관계, 가치, 심지어 영성에까지 영향을 미치기 시작했다. 인류는 생존을 위해 기술을 개발해 왔지만, 이제는 기술이 인간의 정체성을 재정의하고 있는 것이다.

특히 2022년 말 챗지피티(ChatGPT)의 등장으로 시작된 생성형 AI의 확산은 AI 시대의 새로운 국면을 열었다. 글쓰기, 코드 작성, 대화, 이미지와 영상 창작 등 인간만이 할 수 있다고 여겨졌던 고등 인지와 창작 영역마저 AI가 침범하고 있다. 이러한 흐름은 단순히 기술의 진보가 아니라, '인간과 비인간의 경계'를 허무는 혁명이다.

이제 우리 앞에 놓인 질문은 단순히 'AI가 어디까지 발전할까?'가 아니다. 오히려 'AI 시대에 인간은 어떤 존재로 살아갈 것인가?'이다. 이 질문에 진지하게 답하지 않는다면, 우리는 AI 기술의 유토피아가 아닌 디스토피아 속으로 우리도 모르게 진입하게 될 것이다.

이 책이 말하는 'AI 인류혁명'은 AI기술을 거부하거나 미화하는 것이 아니다. 그것은 AI를 인간 존엄과 행복을 확장하는 도구로 선용하고, 사회 제도와 정치, 경제와 문화, 교육과 영성의 영역까지 가치 중심으로 재설계하려는 실천적 제안이다. AI는 수단이며, 방향을 정하는 주체는 언제나 인간이어야 한다. 이어지는 본서의 장과 AI 인류혁명 총서들에서 우리는 AI 인류혁명 시대의 정치·경제·사회·문화·예술·교육·기후·환경·산업·비즈니스·국방·종교의 새로운 변혁, 인간다움의 재발견과 웰빙·환경·삶의 새로운 지평, 그리고 AI윤리·시민 거버넌스와 실천 전략에 이르기까지 AI가 몰고 오는 문명적 전환의 지도와 나침반을 함께 그려 보고자 한다.

'AI 인류혁명에서 무엇이 중요한가.' AI기술의 속도보다 가치의 방향이 먼저이며, 그 방향을 인간 스스로 결정할 때에만 AI의 혁명적 발전은 인류에게 재앙이 아니라 인류의 미래를 지속가능하게 하고 인류의 행복을 지향하는 인류혁명이 된다. 우리의 과제는 AI기술을 두려워하거나 맹신하는 일이 아니라, AI와 함께 더 인간답고 행복하게 사는 인류를 위한 새로운 문명을 열어 가는 것이다.

CHAPTER 2

인공지능의 미래 발전 전망

AI의 발전은 단선적이지 않다. 그것은 산업, 금융, 예술, 복지, 교육, 국방, 종교 등 다양한 분야에서 각각 독립적인 파장을 일으키고 있으며, 이들이 상호작용하면서 복합적 미래를 구성하고 있다.

향후 10~20년 안에 인공지능은 아래 세 가지 방향에서 결정적인 전환점을 맞이할 것으로 전망된다.

① 인공지능의 자율성 확대: '도구'에서 '행위자'로

현재의 AI는 인간의 지시에 따라 작동하는 '서비스형 도구' 수준이지만, 가까운 미래에는 목표 설정, 판단, 실행까지 스스로 할 수 있는 '자율형 AI'가 실현될 가능성이 높다. 이른바 AGI(Artificial General Intelligence)로 불리는 범용인공지능과 초인공지능(Artificial Super Intelligence)

은 인간과 거의 대등하거나 그 이상 수준의 문제 해결 능력을 가질 것으로 예측된다. 다만 자율성의 증가는 곧 책임의 재설계를 요구한다.

따라서 AI의 안전·책임·통제 원칙으로 ① AI의 목표를 공동선에 정렬(Alignment)하고 한계를 설정(capability thresholds)하며, ② AI 설명가능성과 외부감사 및 ③ AI에 대한 인간의 개입권(human–in–the–loop·오버라이드)이 제도와 기술 표준으로 함께 가야 한다. AI의 자율성이 커질수록 AI 통제와 최종 책임은 인간에게 있음을 재확인해야 한다. 이렇게 설계할 때 인공지능은 우리 인간을 배제하고 독단적으로 결정하는 존재가 아니라, 인간의 가치와 안전을 지키며 더 나은 선택을 돕는 도우미가 된다.

② AI와 인간의 신경적 융합 : '외부 기기'에서 '확장된 자아'로

뇌–컴퓨터 인터페이스(BCI: Brain Computer Interface) 기술의 발전은 AI와 인간의 직접적 연결을 가능케 한다. 엘론 머스크의 뉴럴링크(Neuralink)는 이미 인간의 뇌에

AI칩을 이식해 뇌파로 외부 기기를 제어하는 데 성공했다. 이 기술이 상용화된다면, 인간은 AI를 단순한 외부 기기가 아닌, 확장된 자아로 경험하게 될 것이다.

그만큼 AI에 대응하는 우리의 권리와 AI 윤리의 지평도 넓어진다. 신경 데이터의 주권, 인지자유(내 마음에 타인이 침투하지 않을 자유), 디지털 심리 안전 같은 새로운 권리 체계가 필요하다. 기술적으론 뇌파 반응 지연(latency)과 뇌신호와 잡음 혼선(SNR), 뇌속의 염증·파손·오작동 위험 등 장기 안정성이라는 물리적 한계를 넘어야 하고, 사회적으로는 신경권(Neuro-rights), 의료-소비 경계, 동의의 범위와 철회권을 명확히 해야 한다. 신경적 융합은 인간 능력의 확장이면서 동시에 인간 이해의 재정의를 요구하는 문명적 사건이다.

③ AI의 사회 구조화: '개인 보조'에서 '공공 운영체제'로

앞으로의 AI는 단순한 개인 보조기기가 아니라, 국가와 사회 시스템의 일부로 통합될 것이다. 예를 들어, 스마트시티 내 교통, 에너지, 복지 시스템은 AI를 기반으로 통합되고, 이 과정에서 인간의 의사결정이 AI로 자동화될 것이다. 이는 편리함과 효율성을 가져오지만 동시에 권력 집중, 감시, 통제의 위험도 내포한다.

따라서 AI 설계 원리 자체가 달라져야 한다. 공공 분야에는 AI 알고리즘 영향평가(AIA), 데이터 신탁(Data Trust), AI 의사결정에 대한 설명요청권과 이의제기권 같은 시민 권리 장치가 내장되어야 하며, 공공조달 단계부터 개방성·감사 가능성을 요구해야 한다. 자동화된 AI 의사결정은 결과가 아니라 초안이어야 하고, 인간의 판단과 책임이 마지막을 결정해야 한다. AI기술은 권력을 집중시키는 장치가 아니라 인간의 올바른 판단과 신뢰를 도우는 인프라가 되어야 한다.

AI기술의 미래를 낙관과 비관의 이분법으로 재단하는 것은 적합하지 않다. AI 인류혁명시대 미래 전망은 AI 기술적 가능성 + AI 제도·거버넌스 + AI 윤리·사용문화의 성숙이 함께 맞물릴 때 비로소 긍정적인 의미를 갖는다.

CHAPTER 3
인공지능의 발전이 가져올 문명적 전환

AI가 만들어내는 변화는 산업적 수준을 넘어선다. 그것은 문명의 작동 원리 자체를 바꾸는 전환을 예고한다. 이를 세 가지 차원에서 살펴볼 수 있다.

① 인간의 정의 재구성

그동안 '인간다움'의 기준은 창의, 감성, 직관, 공감과 같은 고차원적 능력이었다. 하지만 AI는 이러한 영역마저 학습하고 시뮬레이션하며 인간과 유사한 반응을 보이기 시작했다. 예를 들어, 시인처럼 감성적인 문장을 쓰는 AI, 대중가요를 작곡하는 AI, 영화를 만드는 AI, 법률 자문을 제공하는 AI 등이 그것이다.

이러한 상황은 인간에 대한 정의를 다시 묻게 한다. '인간이란 무엇인가?', '기계는 어디까지 인간을 대체할 수 있는가?' 그리고 '인간만이 할 수 있는 일은 무엇인가?' 우리는 AI의 발달을 통해 '인간 고유성'이라는 개념을 재해석해야 하는 시대를 맞고 있다.

② 경제·정치 시스템의 재편

AI는 산업 구조뿐 아니라, 정치와 경제의 기반을 바꾼다. 자본의 축적은 이제 AI기술력에 의해 결정되며, AI를 보유한 국가와 기업이 글로벌 권력을 쥐게 된다. 예컨대, 글로벌 빅테크 기업은 AI 기술력을 바탕으로 이미 국가를 능가하는 영향력을 행사하고 있다.

또한 정치 분야에서도 AI는 여론 분석, 정책 시뮬레이션, 유권자 예측 등으로 적극 활용되고 있다. 이는 정치의 데이터화와 자동화를 촉진하지만, 동시에 민주주의의 근간을 위협할 수도 있다. AI 알고리즘에 의해 설계된 '맞춤형 정치'가 국민을 더욱 편향된 정보로 유도할 위험이 있기 때문이다.

③ 가치 체계의 전환

무엇이 옳고 그른가, 무엇이 중요한가에 대한 판단 기준이 변하고 있다. AI가 제시하는 해답은 통계와 확률에 기반하지만, 인간의 도덕과 양심은 맥락과 관계를 기반으로 한다. 이 간극을 메우지 않는 한, AI기술의 효율성은 가치의 왜곡을 초래할 수 있다.

예컨대, 의료 현장에서 AI는 '비용 대비 생존 확률'을 기준으로 치료 우선순위를 제시할 수 있다. 하지만 이는 인간의 생명을 '효율성'이라는 잣대로 평가하는 위험을 내포한다. 이처럼 기술은 효율성 가치를 반영할 수 있지만, 인간적 가치를 대신할 수는 없다.

CHAPTER 4

새로운 문명을 위한 질문

AI 인류혁명은 AI기술의 문제를 넘어선다. 그것은 철학, 윤리, 교육, 예술, 정치, 종교 등 인간의 모든 분야에 영향을 미치는 문명적 사건이다. 그러므로 우리는 다음과 같은 질문에 답해야 한다.

- 우리는 AI기술을 무엇을 위해 사용할 것인가?
- AI 시대에 인간다운 삶이란 무엇인가?
- 미래 세대는 어떤 인간으로 자라나야 하는가?
- 우리는 인간성을 지키는 동시에 AI기술을 선용할 수 있는가?

이 책 『AI 인류혁명』은 위 질문들에 대한 답을 탐색하고자 한다. AI의 기술적 진보 속에서 인간의 존엄성과 행복을 회복하고, 인류가 '어떻게 살아갈 것인가'에 대한 방향을 제시하는 것이 이 책의 목적이다. AI기술의 속도보다 가치의 방향이 먼저이며, 그 방향을 인간 스스로 결정할 때 비로소 AI의 혁명은 인류를 위한 새로운 문명인 인류혁명을 열어 간다.

"방향이 잘못되면 속도는 아무런 의미가 없다."

마하트마 간디

"인생은 속도가 아니라 방향이다."

괴테

"사다리가 기댄 벽이 틀리면, 한 계단씩 오를수록
더 빨리 잘못된 곳에 도착할 뿐이다."

스티븐 코비

PART 2

AI의 진화와 문명의 대변혁

CHAPTER 5

인공지능의 역사와 미래

CHAPTER 6

AI가 몰고 올 산업·경제적 문명 변화

CHAPTER 7

AI와 권력: 정치·사회 구조의 문명 변혁

CHAPTER 5

인공지능의 역사와 미래

① AI 역사 발전의 주요 이정표

인공지능의 개념은 1956년 다트머스 회의에서 존 매카시와 마빈 민스키, 앨런 뉴웰 등의 학자들에 의해 처음 명명되었다. 이 회의는 "기계도 인간처럼 지능적으로 행동할 수 있다"는 발상을 공식화한 것으로, AI의 태동기로 평가된다.

이후 AI는 세 차례의 주요 발전기를 거쳤다. 첫 번째는 규칙 기반 AI가 등장한 1960~90년대의 전문가 시스템 시대였다. 의료 진단 시스템(MYCIN) 등 인간 전문가의 지식을 구조화하여 문제 해결에 활용했다. 그러나 데이터 부족과 연산 한계로 어려움에 부딪혔다.

두 번째 도약은 2010년 이후의 딥러닝과 빅데이터 시대이다. GPU 기반의 연산력 강화, 대규모 인터넷 데이터 축적, 알고리즘 진보가 동시에 이루어지며 AI는 비약적인 진전을 이뤘다. 2016년 알파고가 스스로 학습하여 세계 바둑 챔피언을 꺾은 사건은 '기계가 스스로 학습하여 문제 해결하는 능력이 가능하다'는 인식을 확산시켰다.

세 번째 도약은 2022년 말 출시한 ChatGPT를 중심으로 생성형 AI의 확산은 다시 한 번 AI의 진화를 새로운 국면으로 이끌었다. 이는 기존의 '정답형' AI에서 벗어나, 인간처럼 질문하고 대답하며, 창작하고 판단하는 능력을 갖추게 만든 혁신이었다.

요약하면, AI의 역사의 궤적은 규칙의 시대 → 학습의 시대 → 생성의 시대로 이어져 왔다.

② 범용인공지능(AGI)의 개발과 출현 : 2020년대 중반 ~ 2030년대

2020년대 중반 이후는 AI가 특정 과업을 넘어 범용성을 향해 확장되는 시기다. 제조업 자동화, 금융 리스크 예측, 언어 번역, 자율주행, 원격의료 등 일상과 산업의 거의 모든 접점에 AI가 내재화되며, 작업 흐름은 "사람이 중심을 잡고 AI가 증강하는" 방식으로 재구성되고 있다. 스웨덴의 토비(Tobii)는 시선 추적 AI를 통해 신체 제약이 있는 사용자가 눈동자만으로 컴퓨터를 조작하도록 돕는다. 이는 단순한 편의가 아니라, AI기술이 인간의 한계를 보완해 자율성을 회복시키는 보조적 혁신의 사례이다.

이 시기를 규정하는 핵심 키워드는 범용 인공지능(AGI: Artificial General Intelligence)이다. AGI는 특정 작업만이 아니라 인간의 모든 지적 능력을 수행할 수 있는 AI를 말한다. 테슬라의 일론 머스크, 오픈AI의 샘 알트먼 등 주요 인물들은 2030년 전후로 AGI가 실현될 수 있다고 예측하고 있다.

하지만 AGI는 단순한 기술적 진보를 넘어, 윤리·철학·정치적 논쟁의 대상이 된다. 만약 AGI가 스스로 목표를 설정하고 판단한다면, 인간과의 주도권 충돌이 발생할 수 있다. 따라서 AGI의 도래는 기술이 아닌 문명의 총체적 전환을 요구한다.

이로 인해 범용인공지능(AGI)의 도래는 기술적 사건이기 이전에 문명적 전환의 문제다. 교육·노동·법·거버넌스가 함께 개편되지 않으면, AI 범용성의 이익은 일부

에만 집중되고 위험은 사회 전체로 확산될 수 있다. 반대로 인간 존엄과 공공선으로 정렬된 AI 설계와 분배·책임의 제도를 앞세운다면, AGI는 인간 능력을 잠식하는 존재가 아니라 인간 역량을 증폭하는 동반자가 될 것이다.

'AI 인류혁명' 관점에서 AGI 개발 속도를 경쟁하는 대신 방향을 설계하고, 그 방향을 AI가 아니라 항상 인간이 주체가 되며, AI는 인간의 행복을 위한 도구로 개발 설계되는 것으로 정할 때, AGI의 시대는 기술을 위한 혁명이 아니라 인류를 위한 혁명으로 의미를 갖게 된다.

③ 초인공지능(ASI) 출현 : AI와 인간의 공생 시대: 2040~2050년대

2040~2050년대는 인공지능이 전 영역에서 모든 인간을 상회하는 잠재력을 지닌 초인공지능(ASI: Artificial Super Intelligence) 개발과 출시가 본격화되는 시기로 거론된다. 이 단계의 AI는 인간의 개입 없이 자율적으로 판단하고 실행하게 될 수도 있다. 초인공지능(ASI)은 인류를 모든 영역에서 능가하고 인류를 통제하고 조정하며 종국에는

인류를 노예화하고 멸망의 길로 이끌어 갈 수도 있다. 이러한 위험을 사전에 방지하고 초인공지능이 인류에게 유용하기 위해서는 인류의 문제를 인간과 함께 정의하고 해결하는 협업 파트너로 기능하도록 설계되어야 한다. 이를 통해 이 단계의 AI는 인간 능력을 증강하면서 교육·예술·의료·행정·정치 등 공공성과 전문성이 교차하는 영역에서, 인간과 AI가 공동으로 판단하고 창조하는 것이 현실화될 수 있다.

예를 들어 학교에서 AI는 학생의 학습 데이터를 실시간 분석해 개별 학생의 이해 곡선을 추적하고, 교사는 그 정보를 바탕으로 학생들의 학습 진도와 토론·프로젝트·평가를 설계한다. AI가 "어떤 설명이 지금 이 학생에게 가장 효과적입니다"고 제안하면, 교사는 그 제안을 맥락과 관계의 언어로 재해석해 학생 교육에 활용한다. AI기술은 학습의 코치가 되고, 교사는 감독으로 최종 결정과 학생 학습 성장에 대한 책임과 의미 부여를 맡는다.

예술에서는 다중 에이전트 AI가 스타일·구성·사운드를 초안으로 제안하고, 인간 창작자가 의도와 서사, 책임의 서명을 부여하며 완성한다. 정책·행정에서는 시뮬레이션과 영향평가를 AI가 상시로 제공하되, 시민배심·

공론장·의회 절차와 연결되어야만 공적 정당성을 갖도록 한다. AI에 의해 자동화된 산출은 최종 결과가 아니라 토론의 출발점이 되어야 한다.

그런데 초인공지능(ASI) 시대에 AI가 인류의 재앙이 되지 않고 AI와 인간의 공생이 안전하게 작동하려면, 다음의 원칙을 AI 설계 단계부터 내장하고 운영에 적용하여야 한다.

❶ **인간 주도성**(Human Agency): AI 산출은 초안이며, 최종 판단과 책임은 인간에게 귀속된다.

❷ **정렬**(Alignment): 목표 오해와 예기치 않은 최적화를 막기 위해, 규범·윤리·목적을 명시적 제약으로 AI 학습·운영 전 과정에 녹인다.

❸ **설명가능성과 감사 가능성**(Explainability & Auditability): AI 모델·데이터·의사결정 경로를 외부가 이해하고 검증할 수 있도록 투명하게 기록한다.

❹ **개입권과 정지권**(HITL/HOTL/HOTU): 인간이 AI 작동 전과정에 개입(in-the-loop), 결과 재검토(over-the-loop), 운영 중지(off-the-loop)할 수 있는 다층 안전장치를 둔다.

❺ **데이터 권리와 인지자유**(Data Rights & Cognitive Liberty): 개인 데이터의 통제권, 알고리즘 설명권, 이의제기권, 주의·감정의 과도한 조작 거부 자율성을 보장한다.

❻ **공정 분배**(Just Distribution): AI 성과의 과실은 교육·전환·돌봄에 재투자하여 격차를 줄이고, AI 자동화의 비용은 사회가 함께 흡수한다.

공생 사회의 성공은 AI기술의 효율성보다 인간의 고유성에 대한 자각에 달려 있다. 초인공지능(ASI)이 계산·예측·조합 ·판단·생성에서 압도적일지라도, 책임적 자유·의미의 창조·타자에 대한 사랑은 여전히 인간의 몫이어야 한다. 우리는 AI기술을 통해 더 빨리, 더 많이, 더 정확하게 할 수 있지만, 왜 그렇게 해야 하는지, 무엇을 위해 써야 하는지에 대한 판단은 인간 공동체가 내려야 한다.

'인류혁명' 관점에서 보면, 공생의 목표는 "AI가 인간을 대체"하는 데 있지 않다. 오히려 AI기술을 통해 창조성·인성·영성을 확장하여, 더 인간답게 사는 문명의 문법을 새로 쓰는 데 있다.

2040~2050년대의 초인공지능과 인간의 공생은 AI기술이 자동으로 열어 줄 미래가 아니라, 우리가 상기의 원칙을 설계하고 제도를 마련할 때만 현실이 되는 선택지다. 속도를 재는 경쟁을 넘어 방향을 설계하는 지혜, 그것이 공생 시대를 인간 존엄의 확장으로 바꾸는 결정적 조건이다.

이러한 공생 사회는 단순히 AI 기술을 효율적으로 활용하는 차원을 넘어, 기술 중심 발전이 초래할 위험성을 인식하여 선제적으로 대응하며, 인간이 자신의 고유성을 자각한 가운데 AI와 조화롭게 공존할 방향을 설정하고 준비하는 문명적 감수성을 갖추는 것이 핵심이 될 것이다

CHAPTER 6

AI가 몰고 올 산업·경제적 문명 변화

① 노동 시장의 재편: 일자리 감소 vs. 새로운 직업 창출

AI는 노동의 자동화를 가속하며, 산업 전반의 일·역할·기술의 경계를 재배치하고 있다. 반복적이고 규칙이 분명한 업무, 예를 들면, 제조 현장의 조립, 콜센터의 표준 응대, 회계의 정형 입력, 기계 번역 등은 이미 상당 부분 AI로 자동화되고 대체되었다. 한국에서도 2020년 전후로 은행 창구 업무가 축소되고, 챗봇 상담과 무인 점포가 확산된 흐름이 이를 뒷받침한다. 더 나아가 투자 상담, 법률·회계 검토, 소프트웨어 개발, 영상 편집 제작, 의료 판독 등 전문직의 세부 작업에서도 AI가 일정 비중을 대체·보조하기 시작했다.

AI 자동화의 그늘만 있는 것은 아니다. 인간－AI 상호작용을 기반으로 한 신직업군이 빠르게 부상한다. AI 윤리·책임성 검토자, AI데이터 스튜어드, AI모델 리스크 감사자, 합성데이터 디자이너, 인간 피드백 학습(RLHF) 트레이너, 로봇 안전 감독, 디지털 휴먼 디자이너, AI창작 협업 작가 등은 불과 몇 년 전만 해도 개념조차 생소했다. 예술 현장에서도 AI가 생성한 결과를 맥락화하고 전시·해석하는 역할이 늘고 있으며, 실제로 독일의 '큐레오(Cureeo)'는 예술 분야에서 AI가 만든 작품을 감정하고 전시하는 큐레이터를 고용하고 있다. 이는 기술과 문화의 접점에서 탄생한 창의적 노동의 확장을 보여준다. 보조공학 분야에서 시선추적·음성·제스처 인터페이스를 결합해 장애인의 자율성을 높이는 솔루션이 상용화되는 흐름도 주목할 만하다. 이는 단순한 편의가 아니라 노동·학습·사회 참여의 기회를 넓혀 주는 혁신으로 창의적 일자리의 창출 사례이다.

AI 인류혁명 시대에 기업 차원에서는 대체(replace)-재구성(refactor)-재훈련(reskill)의 3R 전략이 요구된다. 첫째, 안전·품질·윤리 기준을 충족하는 영역에 한해 선택적 자동화를 도입하고, 둘째, 인간 업무를 가치 사슬 상단(설계·해석·관계·책임)으로 끌어올리며, 셋째, 현직 인력이 AI를 도구로 능동적으로 다루는 역량을 갖추도록 체계적 재훈련을 제공해야 한다. 또한 국가와 지역사회는 AI 전환 비용을 사회가 함께 흡수하고 AI 인류혁명 시대를 대비할 수 있도록 교육하고 지원하는 제도를 서둘러 마련해야 한다.

AI 인류혁명 시대의 노동은 소멸과 창조가 동시에 진행되는 노동 변혁기이다. 질문은 "얼마나 빨리 대체되는가"가 아니라, 어떻게 재설계하고 누구와 함께 전환을 이루는가이다. AI 자동화와 생산성 제고의 과실을 소수가 독점하도록 둘 것인지, 아니면 교육·재훈련과 공정한 분배를 통해 더 많은 사람이 더 좋은 일을 하도록 만들 것인지, 선택은 AI 기술이 아니라 우리의 정책과 설계 능력에 달려 있다.

② AI 독점 자본주의 vs. AI 휴머니즘 자본주의

AI 시대의 경제는 'AI 플랫폼 중심 자본주의'의 정점을 보여준다. AI 데이터가 핵심 자산이 되고, AI 알고리즘이 경쟁의 무기가 되면서, 거대 플랫폼은 전통 제조업을 넘어서는 자본력과 영향력을 확보했다. 오픈AI, 구글, MS, 아마존, 페이스북(메타), 알리바바, 텐센트 같은 기업들은 사용자의 데이터를 수집하고, 이를 AI로 분석해 상품을 팔고 광고를 운영하며 천문학적인 수익을 창출한다.

이러한 구조는 'AI 독점 자본주의'라고 불릴 수 있으며, 이는 소수의 기술 엘리트와 기업에게 부와 정보를 독점하게 되는 구조다. 이는 19세기 산업혁명이 자본가-노동자의 양극화를 초래했던 것과 유사한, 새로운 형태의 경제적 불평등을 초래할 수 있다.

대표적인 사례는 데이터 식민주의(data colonialism) 개념이다. 다국적 기업들이 제3세계 국가의 사용자의 데이터를 수집해 AI 알고리즘을 훈련시키고, 그 결과물의 열매는 선진국 시장에만 돌아간다. 실제로 아프리카의 몇몇 국가에서는 페이스북이 무료로 제공하는 인터넷 포털을 통해 전 국민이 데이터 사용에 노출되지만, 이 데이터를 바탕으로 이익을 얻는 것은 페이스북과 그 광고주들이다.

그러나 다른 선택지도 존재한다. AI 휴머니즘 자본주의는 AI기술을 성장의 수단이자 인간 역량(capabilities)을 확장하는 공공 인프라로 본다. 이 모델에서 AI 데이터는 '채굴될 자원'이 아니라 신뢰 기반으로 관리되는 공공재 혹은 공동 자산이며, 플랫폼의 효율성은 투명성·책임성·

공정 분배라는 사회적 조건과 함께 평가된다. 누구나 기본적인 AI 이해력과 도구 접근권을 갖추도록 보편적 AI 교육과 평생학습을 제공하고, 공공 영역의 알고리즘은 설명 가능성과 감사 가능성을 전제로 설계되는 것이 원칙이다.

핀란드가 전 국민 대상 AI 기초 교육을 보편화해 시민의 참여 역량을 높이려는 시도, 바르셀로나가 도시 데이터를 공공재로 간주해 행정에 쓰이는 알고리즘과 원칙을 공개하며 데이터 민주주의를 실험하는 흐름은, AI기술의 이익을 시민에게 환류시키려는 방향성을 보여준다. 이러한 모델에서는 공공조달과 규제가 시장 설계의 지렛대로 작동한다. 즉, 정부와 지자체가 '신뢰 가능한 AI'를 조달의 기본 요건으로 삼을 때, 투명성·편향 점검·설명권 보장 등은 '선택'이 아니라 진입 조건이 된다.

AI 인류혁명 시대 경제는 두 갈래의 길 앞에 서 있다. 하나는 효율과 규모의 논리로 독점과 감시를 강화하는 길이고, 다른 하나는 공공성과 포용성을 바탕으로 인간 역량의 총량을 키우는 길이다. 어느 길이 더 빠른가가 아니라, 어느 길이 인간다운 번영을 지속 가능하게 하는가가 우리의 기준이어야 한다. AI가 만들어 낸 부가 더

적은 사람에게 더 많은 부를 독점적으로 안길 수도, 더 많은 사람에게 더 좋은 기회를 제공할 수도 있다. 그 갈림길에서 방향을 정하는 것은 AI기술이 아니라 우리의 제도 설계와 가치 선택이다.

③ 기본소득과 재분배 정책의 필요성

AI로 인한 노동 자동화와 생산성 증가는 특정 기업의 이익을 극대화하는 반면, 다수의 시민들에게는 실업과 소득 감소라는 위협으로 다가올 수 있다. 따라서 인간의 기본 생계를 보장하고, AI기술 발전의 과실을 공평하게 나누기 위한 재분배 장치로서 기본소득제가 다시 부상하고 있다.

핀란드는 이미 2017년부터 2년간 기본소득 실험을 실시했으며, 그 결과 수급자들의 심리적 안정감, 건강, 사회 참여율이 향상되었다는 평가를 받았다. 일자리 복귀율은 기존 실업 수당과 큰 차이를 보이지 않았지만, 인간의 존엄성과 복지 개념을 확장하는 데 긍정적 효과를 입증했다. 한국에서도 경기도가 청년 기본소득 개념을 실험하며, AI 기술로 인한 구조적 실업의 대안으로 이

제도를 논의 중이다.

다만 기본소득은 단순한 현금 지급이 아닌, 사회적 연대 기반의 설계가 필요하다. AI로 인한 경제 변화는 소수만이 아닌 전체 시민에게 영향을 미치기에, 그 이익도 함께 나누는 방식이어야 한다. 세금 구조의 개혁, AI 활용 수익에 대한 사회 기여금 제도, 공공 데이터 사용료 징수 등 다양한 아이디어가 논의되고 있다.

민주주의의 지속 가능성은 경제적 안정과 체감되는 공정성 위에 선다. AI가 정보의 흐름과 시장의 규칙을 재편하는 시대에, 다수 시민이 전환의 비용을 홀로 감당하도록 내버려 둘 수는 없다. 기본소득과 재분배는 정치적 양극화와 사회적 불안을 완충하고, 공공 영역의 의사결정에 참여할 시간과 에너지를 돌려준다. 이는 인권의 언어이자 거버넌스의 언어이며, AI기술 문명을 사람의 문명으로 유지하는 최소 조건이다.

요컨대, AI 인류혁명 시대의 기본소득과 재분배는 선택적 복지의 문제가 아니라 새로운 문명 운영의 조건이다. 그것은 빠른 변화의 시대에 인간의 존엄을 지키고, 혁신을 지속 가능하게 하며, 공동체를 신뢰의 토대 위에 세우는 사회적 인프라다. AI기술의 속도를 따라잡는 유일한 방법은, 인간에게 넘어지지 않을 바닥과 다시 뛰어오를 여유를 주는 것이다. 그 바닥과 여유가 바로 기본소득과 재분배다.

CHAPTER 7

AI와 권력: 정치 · 사회 구조의 문명 변혁

① 디지털 권위주의 vs. AI 민주주의

AI는 권력 구조를 변화시키는 가장 강력한 기술 중 하나이다. 특히 정치 영역에서 AI는 감시, 선전, 여론 조작 등 다양한 방식으로 사용될 수 있으며, 이는 권위주의적 정권에게 강력한 도구가 될 수 있다.

특정 국가의 '사회신용 시스템'은 대표적인 디지털 권위주의의 사례다. 이 시스템은 국민의 행동, 소비, 교통 위반, 정치 성향 등을 AI가 분석하여 '신용 점수'를 매긴다. 점수가 낮으면 대출, 고속철 예약, 해외 여행이 제한된다. 이는 기술이 '사회 통제 수단'으로 작동하는 극단적 예이다.

디지털 권위주의는 AI기술을 사회 통제의 기계장치로 만든다. AI 알고리즘은 공공선이 아니라, 일상적 제재의 자동화를 담당한다. AI기술은 투명한 거울이 아니라, 보이지 않는 울타리가 된다. AI 감시는 개인의 사생활을 넘어 선택의 자유를 재단하며, 민주주의의 핵심인 권력의 나눔과 책임의 추적 가능성을 약화시킨다.

반면, AI를 시민 참여와 투명성을 증진하는 도구로 활용하는 민주적 모델도 있다. 에스토니아는 전자정부의 선두주자로, AI를 활용한 디지털 행정 시스템을 통해 빠르고 공정한 서비스를 제공하고 있다. 행정 결정과 데이터 활용 내역은 시민이 언제든지 조회 가능하며, 이는 AI 시민 민주주의 모델로 주목받고 있다. 여기서 AI 알고리즘은 권력의 밀실이 아니라, 공적 결정을 설명하는 창이다.

문제는 AI 자체보다, 그것을 어떤 철학으로 설계하고 운영하느냐에 있다. AI는 권위주의적 감시도 가능하지만, 시민 주권을 강화하는 투명한 도구로도 사용될 수 있다. 선택은 AI기술이 아닌 우리 사회의 몫이다. 우리는 AI를 어떤 제도와 문화 속에 놓을 것인가? AI기술의 미래가 민주주의의 미래를 결정하는 것이 아니라, 민주주의의 선택이 AI기술의 쓰임을 결정한다.

② 초개인화된 사회와 프라이버시 문제

AI가 정교해질수록 사회는 '초개인화(hyper-personalization)'의 궤도로 진입한다. 개인의 취향과 행동 패턴, 위치와 건강, 심지어 정서 상태까지 실시간으로 수집·연결·분석되어, 개인별로 다른 콘텐츠·광고·서비스·정책이 공급되는 구조가 일상화된다. 표면적으로는 편의의 비약적 증대처럼 보인다. 그러나 그 편의가 성립하는 방식, 즉 보이지 않는 수집, 끊임없는 추적, 맥락을 가로지르는 결합을 들여다보면, 초개인화는 곧바로 인간의 자율성에 대한 압박으로 이어진다.

가장 먼저 드러나는 위험은 프라이버시 침해다. 누군가가 검색한 질병 정보나 온라인에서 남긴 흔적이 보험사의 자동 심사에서 불리하게 작동할 수 있고, 감정 추정 모델이 우울 신호를 읽어 특정 광고를 집요하게 노출하는 일은 이미 현실이다. 미국의 한 대형 유통업체는 10대 여성 고객의 구매 패턴으로 임신 가능성을 예측해 산모용품 쿠폰을 발송했다가 심각한 사생활 침해 논란을 불러일으켰다. 이 사건은 초개인화가 어느 순간 '배려'의 선을 넘어, 개인이 공개하지 않은 사실을 추론·노출하는 침투적 기술로 변모할 수 있음을 보여준다.

더 우려스러운 지점은 정보가 단지 '활용'되는 수준을 넘어 조작의 도구가 되는 순간이다. 캠브리지 애널리티카 사건은 소셜 미디어 이용자의 데이터를 분석해 정치적 성향과 취약 지점을 파악하고, 그에 맞춘 맞춤형 정치 광고로 여론을 미세 조정했다. 디지털 기술이 개인의 선택을 돕는 것을 넘어, 선택 그 자체의 조건을 바꿔버릴 수 있다는 경고였다.

초개인화 사회에서의 프라이버시는 이제 단지 '숨길 권리'만이 아니라, 인간의 판단력과 선택권을 지키는 마지막 방어선이다. 이를 위해선 데이터 수집과 활용에 대한 투명성과, 개인의 통제권 보장이 필요하다. 유럽연합의 GDPR(일반정보보호규정)은 이러한 문제에 대한 선도적 대응으로, 알고리즘 설명 요구권, 자동화 결정 거부권 등을 명시하고 있다. 이는 AI기술의 편의가 인간의 권리를 대체하지 못한다는 원칙을 법의 언어로 확인한 사례다.

AI 인류혁명 시대에 우리는 편리함을 위해 자율성을 얼마나 양도할 것인가, 그리고 그 양도가 자발적이고 되돌릴 수 있는 선택인가? 결국 질문은 AI기술이 아니다. 어떤 사회가 될 것인가이다. 초개인화는 우리의 삶을 더 쉽게 만들 수 있지만, 동시에 더 쉽게 조종할 수도 있다. 프라이버시를 권리이자 공공선으로 재인식하고, 개인의 자율 통제와 AI 설명 가능성을 사회의 기본값으로 삼을 때에만, AI는 사람을 파고드는 기술이 아니라 사람을 돕는 기술이 될 것이다.

③ 글로벌 거버넌스와 AI 규제의 미래

AI는 국가의 경계를 뛰어 넘는 기술이다. 하지만 이를 다루는 규제와 정책은 여전히 각국의 주권 아래 운영되고 있다. 이로 인해 글로벌 AI 환경은 규제의 공백과 기준의 혼재라는 문제에 직면해 있다.

국가마다 AI에 대한 접근 방식은 크게 다르다. 최근 미국은 '자국 중심 시장과 혁신 중심'의 노선을 채택하고 있으며, 자국 민간 기업 주도의 AI 개발을 장려하는 분위기다. 이에 반해 유럽연합은 AI의 사회적 책임과 윤리를 강조하며, 위험도에 따라 사용을 제한하는 'AI법(AI Act)'을 제정했다. 중국은 국가 주도의 AI 개발 전략 아래, 감시 기술과 사회 통제에 AI를 광범위하게 활용하고 있다.

이러한 국가 간의 입장 차이는 AI 기술의 국제 협력을 어렵게 만들고 있으며, AI의 남용과 오용을 방지하는 글로벌 규범이 부재한 상태다. 특히 딥페이크 기술, 무기화된 자율 드론, 정보 조작 AI 등은 전 지구적 위협임에도 불구하고, 통일된 국제 규범이 존재하지 않는다.

이런 상황에서 국제 사회는 AI에 대한 글로벌 거버넌스 체계를 구축해야 한다는 공감대를 형성하고 있다. 유네스코는 2021년 'AI 윤리 권고안'을 채택하여, 인간 중심의 AI 개발, 투명성과 공정성 확보, 지속 가능한 개발을 위한 AI 활용 원칙을 발표했다. 또한 세계경제포럼(WEF)은 AI 규제와 윤리 프레임워크를 논의하는 글로벌 회담을 개최하며, 공통 기준 마련을 촉진하고 있다.

하지만 여전히 해결해야 할 과제는 많다. 누가, 어떤 기준으로, 어떤 기술을 규제할 것인가? 주권 국가의 이해를 조정하고, AI 기술 기업의 협조를 어떻게 유도할 것인가?

AI 인류혁명 시대 AI 글로벌 거버넌스는 AI 기술 규제에만 국한되지 않고, 지구 공동체로서의 책임과 연대를 회복하는 새로운 국제 질서의 문제이다. 인류가 함께 살아가기 위해, AI라는 공통의 도전에 공동으로 대응할 수 있는 'AI 디지털 유엔'의 역할이 요구되고 있다. 'AI 디지털 유엔'이 AI 개발과 활용에 관한 국제 협약과 가이드라인을 조율하고, AI의 위험에 대한 공동 대응을 조정하며, AI 분쟁과 남용을 신속히 다룰 상설 협의체로서 역할이 필요하다.

이는 더 이상 이상론이 아니다. AI의 미래가 인류의 미래와 겹쳐지는 지금, AI 글로벌 거버넌스는 선택이 아니라 인류 공동 생존의 조건이다. AI기술이 앞서 달리는 시대일수록, 우리가 함께 세울 규칙은 더 명료하고 단단해야 한다.

PART

3

AI 인류혁명 시대,
인간다움의 강화와 가치 혁명

CHAPTER 8

인류혁명 시대, 문명의 전환점

CHAPTER 9

인간다움의 재발견: 인성과 영성의 강화

CHAPTER 10

교육의 대전환: 지식에서 인간성으로

CHAPTER 11

인간관계의 진화: 공동체와 사랑의 재정의

CHAPTER 8

인류혁명 시대, 문명의 전환점

AI는 더 이상 특정 업무만을 돕는 도구가 아니다. 경제의 설계도와 행정의 절차, 교육의 목표, 예술의 방법, 인간관계의 문법, 법과 윤리의 기준까지 문명이 움직이는 원리 자체를 다시 쓰게 만드는 동력이다. AI로 노동은 작업 단위로 분해·재배치되고, 권력은 데이터와 알고리즘을 통해 새로운 중심을 얻으며, 감정과 창조의 영역마저 기계와 협업하거나 경쟁하는 국면으로 접어들었다. 이 거대한 변곡점 앞에서 감탄이나 두려움만으로는 부족하다. 이제는 질문하고, 설계하고, 조정해야 한다. 우리가 어떤 삶을 '좋은 삶'이라 부를지, 어떤 사회를 '정의롭다'고 말할지, 먼저 기준을 세워야 AI기술의 자리가 정해진다.

그 기준의 핵심은 인간다움의 존중과 강화이다. AI가 아무리 정교해져도 대체할 수 없는 인간만의 고유성, 즉 자유의지와 자율성, 개성적 창의성, 따뜻한 인성, 가치지향적 영성이 바로 문명의 방향을 비추는 나침반이다.

자유의지·자율성은 선택의 권리이자 책임의 기초다. AI로 자동화된 산출은 어디까지나 인간 판단과 창의를 보조하는 초안이어야 하며, 최종 판단과 책임은 인간에게 귀속되어야 한다. 개성적 창의성은 데이터가 복제할 수 없는 '새로움의 근원'이다. 기술의 효율이 높아질수록 사회는 더 많은 상상력과 해석, 맥락화의 능력을 필요로 한다. 따뜻한 인성은 관계를 유지하는 힘이다. 공감·배려·신뢰가 사라진 효율은 결국 공동체를 힘들게 만든다. 가치지향 영성은 우리가 무엇을 위해 살아가는지에 대한 방향 감각이다. 의미와 목적을 세우는 능력이야말로 문명 설계의 출발점이다.

따라서 'AI 인류혁명'은 인간다움을 중심에 다시 놓는 문명 재설계다. 같은 AI기술이라도 어떤 가치에 정렬시키느냐에 따라 전혀 다른 미래가 열린다. 하나의 길은 효율과 통제를 앞세워 인간을 시스템의 부속으로 축소시키는 길이다. AI 자동화가 판단을 대체하고, 추천이 선택을 대치하며, 감시가 안전의 이름으로 일상을 잠식한다.

또 다른 길은 AI기술을 인간다움과 인간 존엄의 확장

에 봉사하게 만드는 길이다. 위험하고 반복적인 일을 기계에 맡겨 사람에게 시간을 돌려주고, 교육에서 개별의 가능성을 세밀하게 발견하며, 다양한 영역의 진입 장벽을 넘어설 수 있도록 인간을 돕고, 공공 영역에서 투명성과 책임을 강화하는 방향으로 AI기술을 배치하는 길이다. 두 길을 가르는 것은 AI 성능이 아니라 우리 인간의 원칙 설정이며, 선택은 우리에게 달려 있다.

그 선택을 감당하려면 우리는 스스로의 한계를 넘어야 한다. AI를 도구로 지적·의식적·신체적·감성적 한계를 자기초월로 확장하면서 어떤 상황에서도 인간다움과 인간의 존엄이 흔들리지 않도록 해야 한다. AI가 분석과 예측을 담당하는 시대일수록, 인간에게 요구되는 것은 의미 부여와 윤리적 판단, 공감과 창의, 그리고 흔들림 없이 주체성을 유지하는 내적 힘이다. 이 내면의 성장 없이는, 우리는 편의의 대가로 자율을 잃고, 효율의 명분 아래 존엄을 희미하게 만들 위험에 처한다.

동시에 AI기술의 방향을 인류와 지구의 지속가능성에 정렬시켜야 한다. 과학기술과 경제는 더 빠른 속도와 더 많은 이윤을 위해서가 아니라, 인간의 행복과 지구의 회복력을 위해 설계되어야 한다. 탄소 감축과 자원 순환,

생태 복원 같은 공공선을 기술의 목표로 삼을 때, AI는 고립의 도구가 아니라 연대의 인프라가 된다. 이것이 휴머니즘 테크놀로지의 정신이다. AI기술 역량을 자유와 평등, 생명과 행복, 창의와 인성의 가치와 결합시키는 일이다.

결론적으로, 인류혁명 시대의 과제는 첫째, 무엇을 지킬 것인가? – 자유의지와 자율성, 프라이버시와 인지자유, 설명받을 권리와 책임의 귀속. 둘째, 무엇을 키울 것인가? – 개성적 창의성, 따뜻한 인성, 가치지향 영성. 셋째, 어떻게 다스릴 것인가? – 투명성·감사, AI 작동 중지 가능성을 설계 단계부터 내장해 신뢰 가능한 AI만 공공의 무대에 서도록 하는 것이다. 이 세 축을 중심에 세워 질문하고, 설계하고, 조정할 때 AI는 인간을 대체하는 힘이 아니라 인간다움과 인간 존엄을 증폭하는 동력이 된다. 인류 문명은 지금 전환점 위에 서 있다. 축복과 재앙 사이의 경계는 AI기술의 성능이 아니라, 우리가 선택한 인간다움의 질이 가른다. 인간 존엄을 헌법처럼 가슴에 새기고 AI기술을 그에 정렬시킬 때, 'AI 인류혁명'으로 AI는 재앙의 문턱이 아니라 인류의 행복을 위한 새로운 문명의 출발선이 될 것이다.

CHAPTER 9

인간다움의 재발견: 인성과 영성의 강화

① AI 시대에 인간만이 가진 고유성

AI는 방대한 데이터를 빠르게 계산하고, 패턴을 포착해 정교한 답안을 제시한다. 이러한 AI와 구분되는 인간을 인간답게 만드는 것은 계산 능력을 뛰어넘는 의식, 윤리적 판단, 따뜻한 인성, 그리고 의미를 추구하는 영성 본능이다. 한나 아렌트가 말했듯, 인간은 "행동하고 말하는 존재"로서 공동체 내에서 타인과 관계를 맺고, 자신의 삶을 이야기로 만들고, 그 의미를 타인과 공유함으로써 세계 속 정체성을 세우는 존재이다. AI는 경향을 읽고 답을 생성할 수 있지만, 그 답에 '왜'라는 목적을 부여하고 그 결과에 책임을 지는 주체는 인간뿐이다.

예를 들어, 전쟁 중 환자들을 돌보던 한 간호사가 자기 목숨을 걸고 무너지는 병동에서 마지막 환자와 함께 남아 있었던 이야기는, 데이터로 설명될 수 없다. 그것은 인간의 고유한 책임감, 연민, 따뜻한 인성과 가치 판단의 결정이었다.

그것은 비용-편익 계산으로 설명되지 않는다. 그것은 자유의지와 자율성에서 비롯된 결단이며, 인성과 사랑이 이끄는 도덕적 행동이다. 기술이 아무리 정교해져도 이러한 책임적 주체성과 도덕적 판단력은 대체되지 않는다. 그래서 우리는 AI의 산출을 언제나 인간 판단을 보조하는 초안으로 다루고, 최종 판단과 책임은 인간에게 남겨야 한다. 이것이 AI 인류혁명 시대에 인간다움이 더욱 존중되고 강화되어야 하는 이유이다.

② 감성 · 창의성 · 공감의 가치

창의성과 감성은 인간의 본질 중 하나이다. 인공지능이 그림을 그리고 음악을 만들고 글을 쓸 수 있는 시대에, 인간의 창의성이 왜 여전히 중요한가?

예술은 단순한 산물이 아니라 감정과 경험의 농축된 표현이다. 예를 들어, 반 고흐의 〈별이 빛나는 밤에〉는 그 기술적 구성보다, 작가의 정신적 고통과 희망 사이의

간절함이 담긴 점에서 위대한 작품이다. AI가 그와 유사한 형태의 그림은 그릴 수 있지만, 그 감정을 '살아낸 존재'로서 표현할 수는 없다.

또한 공감 능력은 의료, 상담, 교육 등 인간 중심의 분야에서 결정적인 역량이다. 한 정신과 의사가 우울증 환자와 마주 앉아 "당신의 고통이 나에게도 느껴져요"라고 말할 때, 그것은 단순한 정보 교환이 아니라 인간과 인간 사이의 진정한 연결이다. AI 챗봇이 유사한 말을 반복할 수는 있지만, 공감은 알고리즘이 흉내 낼 수 없는 경험 기반의 내적 감정이다.

따라서 미래사회에서는 기술에 의해 대체되지 않는 인간 고유의 감정, 감수성, 인간적 창의력이 더욱 중요해진다. AI가 반복과 최적화를 담당할수록, 인간은 의미를 해석하고 다르게 연결하며 새로운 관점을 제시하는 해석자 · 설계자 · 창조자로 자리 매김한다. 이는 인간 역할의 축소가 아니라, 인간다움의 심화이다.

③ 영적 성장과 자기반성의 중요성

AI 인류혁명 시대에 인간은 외부 정보의 홍수에 휩쓸

리기 쉽다. 하루에도 수천 건의 콘텐츠, 수만 개의 뉴스, 알고리즘이 추천하는 정보의 파도 속에서 인간은 자기 중심성과 삶의 목적성을 점점 잃어간다. 이러한 시대일수록 중요한 것은 영적 성찰과 내면의 성장이다.

묵상, 기도, 사색과 자기 성찰은 인간이 자기 자신과 세계를 연결짓고, 존재의 이유를 되묻는 방식이다. AI가 감정 분석은 할 수 있어도 '왜 나는 살아야 하는가'라는 질문에 답을 줄 수는 없다. AI가 감정을 분류하고 성향을 예측할 수는 있지만, 삶에 목적을 부여하고 그 목적에 책임을 지는 결단은 인간만이 내릴 수 있다.

AI 인류혁명 시대의 인간은 '기계처럼 기능하는 사람'이 아니라, '삶의 의미를 찾아가는 존재'임을 깨닫는 것이 중요하다. 인간의 위기는 AI기술 때문이 아니라 자기 성찰의 부재에서 시작된다. AI 인류혁명 시대의 영성은 인간 존재의 의미와 인간의 내면 회복을 위한 새로운 지혜의 형식으로 부활하고 있다.

영성은 절대 선과 정의, 아름다움과 공동체 연대 같은 가치를 감지하고 선택하는 가치 지향성이며, 개인에게는 주체성의 근력을, 공동체에는 신뢰의 기반을 제공한다.

AI 인류혁명 시대의 인간다움은 자유의지와 자율성,

개성적 창의성, 따뜻한 인성, 가치지향 영성으로 응축된다. 이 네 가지가 인간 존엄의 구조이자, AI기술을 설계하고 평가할 정렬의 기준이다. 우리가 이 기준을 교육·문화·제도·일상의 원리로 삼을 때, AI는 인간을 대체하는 힘이 아니라 인간다움과 존엄을 증폭하는 동력이 된다.

CHAPTER 10
교육의 대전환: 지식에서 인간성으로

① AI 인류혁명 시대의 교육 패러다임 변화

AI가 모든 정보를 저장하고, 질문에 즉각 대답해주는 시대에 인간은 왜 여전히 '공부'를 해야 할까? 기존의 암기 중심 교육, 지식 주입형 교육은 이제 AI 앞에서 무의미해지고 있다. 우리는 새로운 시대에 맞는 교육 패러다임을 요구받고 있다.

과거의 교육은 '무엇을 아는가'에 중점을 두었지만, AI 인류혁명 시대의 교육은 '어떻게 사고하고, 판단하고, 행동하는가'에 방점을 찍는다. 이는 지식 축적 인지 능력에서 인간다움 강화와 메타 인지 능력으로의 이동, 즉 '인간답게 되고 배우는 법을 배우는 교육'으로의 전환이다. AI는 새로운 교육 패러다임을 구현시키는 도구가 된다.

핀란드의 예는 교육 혁신의 대표적인 사례이다. 이 나

라는 기존 과목 중심의 교과 과정을 버리고, 문제 해결형 프로젝트 수업(Project-based learning)을 도입했다. 예를 들어, '기후 변화'라는 주제를 놓고 수학, 과학, 사회, 언어 과목이 융합되어 함께 다뤄진다. 학생은 실제로 문제를 분석하고, 팀을 구성해 해결방안을 제시하며, 발표와 토론을 거친다. 이는 AI가 제공할 수 없는 인간의 종합적 사고력과 협업 능력을 키운다.

이러한 변화는 단지 교육 기법의 혁신이 아니라, 인간 중심 가치로서의 교육 목적의 재정립이기도 하다. 즉 AI 인류혁명 시대의 교육은 휴머니즘 테크놀로지의 정신으로 귀결된다. AI의 속도와 범용성을 활용하되 인간의 자유의지 · 창의성 · 인성 · 영성을 정렬해, 학생들을 '정답을 아는 사람'이 아니라 '의미를 만들고 책임지는 시민'으로 기르는 것. 그렇게 할 때 AI는 학습을 대체하는 기계가 아니라, 배움을 확장하고 인간다움을 심화시키는 촉진자가 된다. 교육의 목적은 변하지 않았다. 다만 수단이 달라졌을 뿐이다. 이제 학교의 과제는 정보와 지식 전달의 종착역이 되는 것이 아니라, 인간다움 형성의 출발선을 다시 세우는 것이다.

② 창의력, 감성지능(EQ), 인문학의 부상

AI는 논리와 패턴 인식에서 탁월하지만, 새로움의 씨앗을 뿌리고 의미를 부여하며 사람을 움직이게 하는 힘, 곧 창의성과 감성에서는 인간을 대체하지 못한다. 이제 교육은 지식과 정보를 전달하는 것이 아니라, 창의적 해석 능력과 감성적 통찰력을 길러주는 과정이 되어야 한다.

미국 MIT에서는 'STEM'(과학, 기술, 공학, 수학) 교육에 'Arts'를 결합한 'STEAM' 교육을 채택하고 있다. 이 접근은 공학과 예술, 기술과 감성, 논리와 직관을 함께 다루며, AI기술이 인간을 위한 수단이 되기 위한 감성적 인식을 강조한다. 예를 들어 코딩을 '작곡'에 비유해 구조와 리듬을 설계하게 하거나, 디자인 스튜디오식 크리틱(피드백)을 통해 아이디어의 서사를 다듬게 하는 수업은 전형적이다. 학생들은 AI를 도구로 삼아 자료를 탐색·시각화하되, 문제정의-의미부여-가치판단의 핵심 단계는 스스로 수행한다. AI기술을 '목적'이 아니라 인간을 위한 수단으로 다루는 감성적·미학적 식견이 여기서 자란다.

또한 감성지능(EQ)은 AI 시대의 협업, 리더십, 갈등 조정 등 모든 인간관계의 기본이 된다. 하버드 경영대학원에서는 이제 리더십 수업의 핵심이 '공감 능력'과 '윤리적 판단'이 되었다. 실제 많은 글로벌 기업에서 임직원 채용시 AI 역량 테스트와 함께 감성적 리더십과 팀워크 역량을 중시하며, 창의성과 지속가능성을 함께 추구한다.

여기에 더해, 인문학의 부활도 눈에 띄는 흐름이다. '문학, 철학, 역사'는 인간이 의미를 추구하는 과정의 산물이다. 이는 AI가 대체할 수 없는 인간의 고유한 지식 체계이며, 인간의 존재론적 질문을 탐구하는 도구이기도 하다. 유럽의 여러 대학에서는 AI 공학과 철학 수업을 병행하면서, 기술자에게 인간학적 통찰을, 인문학자에게 AI기술 이해를 제공하려는 시도를 강화하고 있다.

교육 현장에 이것을 어떻게 심을 것인가? 강의 중심의 일방향 수업을 넘어, 프로젝트·스튜디오·세미나·서비스러닝이 핵심이 되어야 한다. 학생은 지역의 실제 문제를 가져와 데이터를 수집·분석하고, AI를 활용해 가설을 검증한 뒤, 스토리텔링과 공감적 소통으로 해결책을 제시한다. 평가는 지식 암기보다 과정과 성찰을 본다.

피어리뷰, 구두발표, 러닝로그(학습 일지), 윤리적 딜레마 에세이 등은 학생이 스스로 생각하고 함께 일하는 능력을 드러내게 한다.

결국 AI 인류혁명 시대의 교육은 학생을 '정답을 아는 사람'이 아니라 의미를 만들고 책임지는 시민으로 길러야 한다. 창의력은 데이터를 다르게 엮어 새로운 질문을 세우는 힘이고, 감성지능은 사람과 맥락을 읽어 함께 해답을 찾는 능력이며, 인문학은 선택의 순간에 왜 그 길이 옳은지를 설명할 언어를 제공한다. 이 세 축을 교육의 중심에 놓을 때, AI는 배움을 대체하는 기계가 아니라 배움을 확장하고 인간다움을 심화시키는 촉진자가 된다.

③ 평생학습과 자기계발의 필수화

AI는 노동의 패턴을 빠르게 바꾸고 있다. 지금 존재하는 직업의 40%는 20년 내에 사라질 것이라는 예측은 이제 과장이 아니다. 이에 따라 개인은 평생 여러 직업을 경험하고, 계속해서 자기 역량을 업그레이드해야 하는 다중 경력 시대에 직면하게 된다.

이 전환기에 생존하고 성장하기 위한 핵심 열쇠가 바로 평생학습(lifelong learning)이다. 학교에서의 단절된 교육이 아니라, 전 생애를 관통하는 지속적 학습과 갱신이 개인과 공동체의 회복탄력성을 결정한다. 싱가포르는 전 국민에게 '스킬스퓨처(SkillsFuture)'라는 학습 계좌를 제공해, 누구나 AI 디지털 역량, 인문학, 창의력, 외국어 등을 자유롭게 배울 수 있도록 했다. 이는 단지 AI기술적 능력 배양이 아니라, 시민 전체의 '적응력'과 '전환 능력'을 국가 전략으로 삼은 것이다.

한국에서도 초·중·고 교육과정에 'AI 기초 교육'과 '디지털 윤리'가 필수화되고, 대학과 평생교육기관에서는 '직무 재교육'과 '미래 직업군 탐색' 프로그램이 강화되고 있다. 특히 지역 평생교육 센터에서는 고령층, 은퇴자, 전직자 등을 위한 AI 활용과 다양한 평생 학습 과정이 활발히 진행되고 있다.

이제 학습은 특정 시기에 끝나는 것이 아니라, 삶 그 자체가 학습의 여정이라는 인식이 필요하다. AI 인류혁명 시대의 진정한 경쟁력은 고정된 지식량이 아니라 학습하려는 태도와 변화에 대한 유연성에서 나온다. 개개인의 적성과 역량과 미래 변화에 대응하는 나만의 미래

학습 계획 지도가 중요하다. 국제미래학회는 '미래직업과 미래지도사' 과정을 통해 미래 변화를 읽고 스스로 자신의 미래 생애 계획과 미래 학습 계획을 입안하도록 지도하는 역량을 함양하는 교육을 진행하고 있다. 평생학습은 경제적 필요를 넘어 인간다운 삶의 조건이기도 하다. 이제 평생학습하는 존재만이 스스로의 가능성을 확장하고 공동체에 기여할 새로운 역할을 발견할 수 있기 때문이다. 이 인식이 개인의 습관이 되고 사회의 제도가 될 때, 우리는 AI 인류혁명 시대에 AI기술의 속도가 아니라 인간의 성장을 기준으로 하는 발전을 이룰 수 있다.

CHAPTER 11

인간관계의 진화: 공동체와 사랑의 재정의

① AI와 인간의 관계: 협력 vs. 갈등

AI가 우리의 일상생활 깊숙이 들어오면서 인간과 기계의 관계는 도구-사용자의 단순 구도를 벗어나 '대화 상대', '업무 동료', 때로는 '정서적 위안의 매개'로 복잡하게 확장되고 있다. 이 변화는 협력의 가능성과 갈등의 징후를 동시에 드러낸다.

먼저, 협력의 측면에서 AI는 인간의 효율성을 극대화하고, 반복적인 작업을 대신하며, 창의적인 활동에 집중할 수 있는 여지를 제공한다. 예컨대, 일본 도요타는 AI 로봇을 조립 공정에 투입하면서도 인간 노동자들이 감각과 경험을 바탕으로 하는 섬세한 작업에 집중할 수 있도록 조정했다. 이와 같은 인간-AI 협업 모델은 노동 생산성을 향상시키면서도 인간의 고유성을 보존하는 방향으로 진화하고 있다.

반면, 갈등의 양상도 있다. 특정 산업에서는 AI로 인해 수많은 일자리가 위협받고 있으며, 감정노동을 수행하는 챗봇이 사용자에게 인간처럼 반응하면서 정서적 혼란이나 심리적 의존이 발생하는 문제도 제기된다. 특히 고독한 노년층이 스마트 스피커나 돌봄 AI로봇에 이름을 붙이고 감정을 이입하는 사례가 늘면서, 정서적 결핍이 기술로 '봉합'되는 현상이 보고된다. 일부 노년층은 AI로봇에 집착하고 이로 인해 오히려 인적 접촉을 더욱 멀리하게 되고 스스로 더욱 고립화하는 징후를 보이기도 한다. 문제는 기술 그 자체라기보다, 우리가 기계에 얼마나 인격을 투사하고, 어디까지를 관계로 인정할 것인지에 대한 사회적 합의가 부재하다는 점이다.

이러한 상황은 인간 관계의 본질을 되묻게 한다. 우리는 AI와 어떤 '관계'를 맺고 있으며, 그것은 인간 관계의 보완인가, 대체인가? AI기술 발전은 불가피하지만, 인간 중심의 관계 맥락을 유지하기 위해서는 AI기술 사용에 대한 윤리적 경계와 심리적 자각이 반드시 수반되어야 한다.

AI와 인간의 관계는 주어진 것이 아니라 설계되는 것

이다. AI기술의 성능이 관계의 질을 보장하지 않는다. 투명성과 인간 최종결정, 정서적 경계, 전환의 정의(재교육·안전망)라는 네 가지 원칙을 생활과 제도에 녹여낼 때, AI는 인간을 대체하는 경쟁자가 아니라 인간다움을 확장하는 동료가 된다. 우리가 스스로 AI와의 관계의 규칙을 정하고 지켜 나갈 때, AI와의 협력은 현실이 되고 갈등은 새로운 배움의 계기가 된다.

② 디지털 시대의 진정한 연결성

역사상 우리는 가장 연결되어 있는 시대에 살고 있지만 동시에 가장 고립되어 있다고 느끼고 있다. SNS, 메신저, 화상회의 등은 공간과 시간을 초월한 연결을 가능하게 했지만, 그 안에서 진정성 있는 소통은 오히려 약화되었다.

미국 심리학자 셰리 터클은 그의 저서에서 현대인은 '혼자 있고 싶지만 함께 있고 싶다'며 디지털 기술을 통해 '상대방이 아닌 자기 자신에게 집중하는 방식의 대화'를 하고 있다고 분석했다. '좋아요'와 '공유'로 대표되는 디지털 소통은 감정의 깊이나 맥락을 생략하게 만들고,

때로는 인간관계를 피상적으로 만든다.

이러한 배경에서 '디지털 웰빙(Digital Wellbeing)'의 중요성이 부각되고 있다. 이는 단순한 디지털 디톡스가 아니라, 기술을 인간의 심리적 건강과 공동체성 회복에 도움이 되는 방식으로 활용하자는 새로운 흐름이다. 예컨대, 구글과 애플은 사용자들이 스마트폰 사용시간을 스스로 측정하고 조절할 수 있는 기능을 기본 탑재하면서, 디지털 자각과 절제를 장려하고 있다.

또한 공동체 내에서는 오프라인 관계의 복원이 새로운 의미를 가진다. 서울의 한 마을공동체는 AI 교육 플랫폼을 활용해 지역 어르신과 청년들이 함께 콘텐츠를 제작하는 '디지털 인생학교'를 운영하고 있다. 자막·통역·요약은 접근성을 넓혀 세대·언어의 벽을 낮춘다. 여기서 AI기술은 관계의 촉진자이며, 세대 간 격차를 좁히는 연결 고리로 작용한다.

AI가 인간 사이의 심리적 거리를 줄이기도, 벌리기도 한다는 점에서, 관계를 어떻게 설계할 것인가는 AI기술의 기능 이상으로 중요한 문제이다. AI 인류혁명 시대의 연결은 주어지는 상태가 아니라 함께 만들어 가야 한다.

AI 기술이 우리를 분산시키는 힘보다 연결하는 힘으

로 작동하려면, 일상 속 작은 규칙부터 다시 세워야 한다. 먼저 주의(Attention)를 지키는 규칙을 마련한다. 알림은 꼭 필요한 것만 남기고, 앱 사용 시간과 사용 맥락을 미리 정해 한 번에 한 가지 일에 온전히 몰입한다. 다음으로 상호성의 약속을 회복한다. 내 말만 빠르게 던지는 대신, 상대의 말을 끝까지 듣고 충분한 시간 안에서 응답하며, 속도보다 존중을 우선하는 소통 리듬을 합의한다. 이어 오프라인 시간을 의도적으로 복원한다. 식사 시간·취침 전·주말의 일정 구간처럼 휴대폰을 내려놓는 구체적 시간을 정하고, 가족과 친구를 직접 만나는 시간을 생활의 기본 단위로 되돌린다. 마지막으로 목적에 맞는 도구를 고른다. 가벼운 소식은 메신저로, 깊은 논의는 통화·대면·문서 협업으로 승격하고, 자동화는 반복 작업에만 쓰되 중요한 판단과 책임은 사람이 맡는다.

이 네 가지 습관이 자리 잡으면, AI와 네트워크는 더 이상 우리를 고립시키는 가림막이 아니다. 주의를 보호받은 시간, 상호성이 보장된 대화, 오프라인에서의 온기, 목적에 맞는 도구 선택이 겹치며 AI기술은 공동체를 지지하는 인프라로 변한다. 결국 문제는 AI기술의 성능이 아니라 우리가 세운 생활의 문법이다. 그 문법을 사람

중심으로 인간다움을 강화하도록 쓰는 순간, AI기술은 함께 잘 살아갈 힘을 키우는 동반자가 된다.

③ 가족, 친구, 동료 사회적 유대감 강화

AI와 디지털 기술이 일상을 편리하게 만들수록, 역설적으로 가족·친구·이웃 간의 유대감은 약화되기 쉽다. 재택근무, 온라인 수업, 디지털 서비스는 이동 시간과 비용을 줄여 삶을 효율적으로 만들지만, 그만큼 일상적 만남과 상호작용의 기회를 줄인다. 이로 인해 정서적 고립, 우울, 인간적 상실감의 증가는 우리가 공통적으로 겪고 있는 현상이다.

그렇다면 AI와 디지털 기술을 멀리해야 할까? 해답은 기술의 배제보다는 사용의 재설계를 통한 유대감 회복이 적합할 것이다. 이는 크게 세 가지 방식으로 펼쳐질 수 있다.

첫째, 기술로 관계의 온도를 올리는 방식이다. 미국 실리콘밸리에서는 '디지털 패밀리 저널'이란 앱이 인기를 끌고 있다. 이는 가족 구성원들이 매일 자신의 감정, 일상, 감사한 일 등을 기록하고 공유하면서 서로의 정서 상태를 이해하고 공감하는 기능을 제공한다. 가족 회의에서 말로 꺼내기 어려운 속마음이 기록을 통해 간접적으로 전해지고, 곧바로 위로와 격려가 전해진다. 중요한 것은 빈도보다 성실성이다. 길고 화려한 게시물보다 짧고 꾸준한 기록이 관계를 따뜻하게 한다. AI는 요약과 정리, 주기적 리마인드로 루틴을 돕되, 해석과 공감은 사람이 직접 한다.

둘째, 의도적 만남을 생활의 문법으로 구조화하는 일이다. 독일에서는 일부 기업이 '디지털 금식일(Digital Sabbath)'을 도입하여, 한 달에 하루는 이메일과 메신저 사용을 금지하고 전 직원이 오프라인으로 모여 교류하게 한다. 이는 협업과 인간적 관계를 되돌아보는 새로운 조직문화로 자리 잡고 있다. 디지털로 연결된 조직과 공동체일수록 오프라인의 리듬을 의식적으로 회복해야 한다. 가정에서도 주 1회 저녁 식사 시간에 휴대폰을 치우고, 월 1회 가족 산책·취미의 날을 정하는 식의 작고 확실한 의식이 효과적이다. 중요한 것은 거창한 이벤트가 아니라 반복 가능한 약속이다. 이 약속이 쌓일수록 관계는 '함께하는 시간 투여'라는 가장 확실한 유대감과 신뢰 자본을 축적한다.

셋째, 공동체 차원의 기술 활용으로 돌봄의 그물망을 재구성하는 일이다. 스웨덴은 AI를 활용한 지역 안전망 프로젝트를 통해, 고령자나 독거인의 생활 데이터를 기반으로 커뮤니티 내에서 자발적으로 돌봄을 제공하는 시스템을 구축하고 있다. 이는 AI가 공동체 해체를 초래하는 것이 아니라, 공동체를 재구성하는 도구로도 작동할 수 있다는 가능성을 보여준다. 지역의 고령자·독거인의 안전과 건강 데이터를 동의하에 수집·분석해 위험 신호를 조기에 감지하고, 이웃과 자원봉사자가 신속하게 대응하는 시스템이 곳곳에서 시도되고 있다. 핵심은 감시가 아니라 상호 돌봄이다. 데이터의 소유와 접근 권한을 당사자와 공동체가 분명히 관리하고, AI는 이상 징후를 알리는 알람과 매칭 엔진 역할에 머문다. 이렇게 기술이 관계의 촉진자로 작동할 때, 공동체는 해체가 아니라 재구성을 경험한다.

AI 인류혁명 시대에 AI는 가족, 친구, 동료 유대감을 약화시키는 도구가 될 수도, 회복을 가속하는 촉매가 될 수도 있다. 상호 진정성 있는 감정 공유를 돕는 디지털 루틴, 의도적 오프라인 의식, 상호 돌봄을 가능케 하는 지역 인프라를 통해 AI기술은 고립의 가림막이 아니라 함께 살아갈 힘을 키우는 인프라로 작동할 것이다. 결국, 우리는 AI기술을 고립의 도구로 사용할 수도, 관계 회복의 촉매제로 사용할 수도 있다. 선택은 우리의 손에 달려 있다.

PART

4

인류 삶의 질 향상을 위한 AI 활용 전략

CHAPTER 12

AI와 웰빙: 건강, 행복, 장수의 미래

CHAPTER 13

지속 가능한 문명: AI와 기후환경 · 에너지 혁명

CHAPTER 14

예술과 문화의 르네상스: AI 창작 시대의 인간성

CHAPTER 12

AI와 웰빙: 건강, 행복, 장수의 미래

① AI 맞춤형 의료와 질병 예방

AI는 의료 산업에 가장 강력한 혁신을 가져온 분야 중 하나다. 과거에는 진단의 정확도가 의사의 경험과 직관에 크게 의존했지만, 이제는 수억 건의 사례와 유전자 데이터를 학습한 AI가 질병을 조기 예측하고, 환자 맞춤형 치료 계획을 제시한다.

예를 들어 인공지능(AI) 안저검사는 인공지능 기술로 안저영상을 분석해 5분 이내로 황반변성, 녹내장, 당뇨성 망막병증 등 3대 실명 유발 질환을 스크리닝 해 조기 진단 결과를 제시한다. 이를 통해 전문 안과 의사가 부족한 지역에서 AI는 환자의 실명 위험 질환을 치료 시점을 놓치지 않도록 돕고 있다. 이는 의료 불균형 해소에 있어 AI가 수행할 수 있는 가치 있는 역할을 잘 보여준다.

또한 맞춤형 치료에서도 AI의 역할은 확대되고 있다. 유전체·단백질체·생활습관 데이터를 통합 분석해 개인의 위험 프로파일을 산출하고, 여기에 약물 반응 정보(약물유전학)를 더해 맞춤 약물·용량을 제안한다. AI 맞춤 의료로 개인별 특성에 따라 같은 질환이라도 사람마다 최적의 치료 방법과 약물이 달리 조정되는 것이다.

AI 인류혁명 시대에 AI 의료의 가치는 질환의 조기 발견, 맞춤 치료, 생활중재, 시스템 최적화로 이어지는 전 주기를 통해, '병을 치료하는 기술'을 '사람을 돌보는 체계'로 확장한다. 의사는 환자와의 공감과 설명, 복합적 판단이 필요한 영역에 더 많은 시간을 쓰고, AI는 방대한 정보의 탐색·분류·예측을 맡는다. 이 역할의 재배치가 자리 잡을수록 건강, 행복, 장수의 미래는 통계적 평균이 아니라 개인의 삶에 맞춘 설계가 된다. 그리고 그 설계가 공정하고 안전하게 작동할 때, AI는 의료의 새로운 표준이 아니라 인간 중심 의료의 촉진자로 자리매김할 것이다.

② 정신 건강 관리와 AI 심리 상담

팬데믹 이후 육체적 건강뿐 아니라 정신적 웰빙은 점점 더 중요한 이슈가 되고 있다. 고립감과 불안, 우울증은 전 세계적으로 급증했으며, 심리 상담 서비스의 수요도 폭증하고 있다. 하지만 전문 인력의 부족은 심각한 문제로, 특히 청소년과 노년층 및 지방 거주자는 도움받을 기회조차 갖지 못하는 경우가 많다. 이 접근성의 간극을 메우기 위해 부상한 것이 AI 기반 심리 지원 도구들이다.

예를 들어 AI 기반 심리 상담 챗봇인 '우봇(Woebot)'은 스탠퍼드 대학에서 개발된 정서 인공지능 앱으로, 인지행동치료(CBT) 기법을 적용하여 사용자와 대화하며 스트레스를 줄이고, 감정을 조절하는 데 도움을 준다. 사용자들은 우봇과의 대화를 통해 감정 표현과 자기 성찰의 계기를 경험한다고 말한다.

AI의 강점은 연속 관찰과 조기 경보에서도 드러난다. 사용 빈도, 문장의 길이·어조, 수면·활동 습관(웨어러블 연동 시) 같은 단서를 바탕으로 위험 신호를 포착하고, 자기 관리 계획(호흡·명상·활동 활성화 등)을 제안한다. 학교

나 대학 상담센터에서는 자가 진단 응답과 문자 기록의 변화 추이를 바탕으로 상담 우선순위를 정해, 위기 대상자에게 더 빨리 도달하는 데 활용하기도 한다. 이는 AI가 치료를 대신하는 것이 아니라, 제한된 인력을 더 필요한 곳에 배치하게 만드는 운영상의 이점이다.

물론 AI가 완전한 심리치료를 제공할 수는 없다. 그러나 진입 장벽이 낮고 24시간 접근 가능하다는 점에서, 초기 스트레스 관리나 예방적 정서 케어에는 탁월한 도구가 될 수 있다. 또한 AI는 비언어적 데이터, 예컨대 음성의 떨림, 문장의 길이, 단어 선택 등을 분석해 사용자의 심리 상태를 추정하고, 위험 신호를 조기에 감지할 수도 있다.

실제로 한국의 한 대학에서는 학생상담센터에서 AI를 도입해, 특정 단어 사용 빈도나 자가 진단 응답을 분석해 상담 우선 순위를 정하고 있다. 이를 통해 상담 대기시간 단축과 위기 개입의 속도가 향상되었다.

AI는 정신 건강 관리의 문턱을 낮추고 촘촘한 관찰을 가능하게 하는 인프라이고, 인간 전문가는 의미를 해석하고 책임을 지는 주체다. 두 축이 균형을 이루는 순간, 정신 건강 돌봄은 '위기 때 겨우 찾는 서비스'를 넘어,

누구나 일상에서 누릴 수 있는 접근 가능한 공공재로 진화할 수 있게 된다.

③ 행복 과학(Happiness Science)과 AI의 결합

행복은 인간 삶의 최종 목적 중 하나이다. 하지만 그것이 단지 주관적인 감정인가, 아니면 과학적으로 분석 가능하고 설계 가능한 상태인가? 최근 몇 년간 '행복 과학(Happiness Science)'은 이러한 질문에 도전해 왔다. 긍정심리학, 신경과학, 사회학, 경제학 등 다양한 분야가 결합해, 행복을 측정하고 증진할 수 있는 체계를 연구하고 있으며, 여기에 AI가 점점 더 깊이 참여하고 있다.

예를 들어 개인의 감정 패턴을 학습하는 행복 트래킹이 확산하고 있다. AI는 일기·감정 체크인·활동·수면 같은 데이터를 학습해 개인의 기분 패턴과 행복 요인을 분류·예측한다. 예측 결과를 바탕으로 음악감상·독서·명상·산책·휴식·사람 만나기 등 맞춤 습관과 실행 타이밍 알림을 제안해 행복한 습관화를 돕는다.

AI를 통한 행복 연구는 개인에겐 하루 중 어떤 활동·장소·사람이 행복에 긍정적/부정적 영향을 주는지 패턴을 스스로 파악하게 돕고, 정책·도시계획에는 공원·보행환경·소음·오염 등 환경 요인이 주관적 웰빙에 미치는 효과를 계량적으로 보여주는 데이터를 제공하여 행복한 환경을 만드는 데 기여할 수 있다. AI는 이 데이터를 축적해 개인별 '행복 프로필'을 생성하고, 더 행복한 삶을 설계할 수 있도록 돕는다.

AI 기반 조직관리에서도 직원의 행복 지수를 모니터링하고 개선하려는 시도들이 확산되고 있다. 회사는 감성 AI를 통해 직원의 업무 상태와 정서 상태를 파악하여 과도한 피로 신호를 조기에 포착하고, 업무량 재조정이나 리소스 보강, 번아웃 예방 프로그램을 선제적으로 가동하여 사내 복지 프로그램을 실시간 조정한다. 이는 단순히 생산성을 높이기 위함이 아니라, 직원 개개인의 삶의 질을 존중하는 경영 실천에 AI가 활용되는 것이다.

AI는 행복을 대신 만들어 주는 기계가 아니라 행복의 조건을 발견하고 유지하도록 돕는 도우미가 된다. 국가 정책에서는 취약 계층의 생활 만족을 끌어올릴 정밀 복지를 설계하고, 도시는 공원·보행로·공공문화 인프라 같은 일상 행복 요인을 AI데이터로 확인해 투자할 수 있다. 개인에게는 나만의 리듬과 환경에 맞춘 작은 행복 습관 처방이 제공되고, 조직은 사람의 회복탄력성을 해치지 않는 범위에서 지속 가능한 성과를 추구할 수 있다.

행복 과학과 AI의 결합에서 행복은 우연이 아니라 AI를 활용한 설계 가능한 환경과 반복 가능한 습관의 합에서 가능하다는 것을 알 수 있다. 그리고 그 설계의 중심에는 언제나 인간의 의미·가치·자율이 있어야 한다. 이를 통해 AI는 데이터 너머의 삶을 더 낫게 만드는 행복에 기여할 수 있는 도우미가 될 것이다.

CHAPTER 13

지속 가능한 문명 : AI와 기후환경·에너지 혁명

① 기후 위기 해결을 위한 AI 기술

지구는 지금 인류가 유례없이 빠른 속도로 만들어낸 위기, 즉 기후 변화에 직면해 있다. 산업혁명 이후 급격한 온실가스 배출은 지구 평균기온을 상승시켰고, 그로 인해 폭염, 홍수, 가뭄, 산불 등 전 지구적 재난이 일상화되고 있다. 이러한 기후 위기는 단순히 자연 생태계만의 문제가 아니다. 식량 안보, 물 부족, 기후 난민 등 정치·경제적 불안정으로 이어지는, 인류 생존의 문제다.

AI는 이러한 복합 위기에 대응할 수 있는 강력한 도구로 부상하고 있다. NASA는 기후 예측 모델에 AI를 접목해 태풍 경로와 강도, 가뭄 확산 시기 등을 보다 정밀하게 예측하고 있다. 이러한 예측은 재난 대비에 있어 수백만 인명의 생명과 재산을 구하는 데 직접적 영향을 준다.

또한 위성 이미지와 드론 데이터를 AI가 분석함으로써 산림 파괴, 불법 어업, 도시 열섬 현상 등의 변화를 실시간으로 감시할 수 있게 되었다. 브라질 정부는 아마존 열대우림의 불법 벌채를 감지하기 위해 AI를 활용한 위성 감시 시스템을 구축했으며, 이로 인해 산림 파괴율이 수년 만에 30% 가까이 감소하는 성과를 얻었다.

탄소배출량 감축에서도 AI의 역할은 두드러진다. AI는 공장의 에너지 소비 패턴을 분석해 최적화된 운영 방안을 제시하고, 기업의 공급망 전체에서 발생하는 간접적 탄소 발자국을 추적한다. IBM의 '그린 호라이즌' 프로젝트는 AI를 활용해 대기 오염 수준을 실시간으로 예측하여 대기 오염 발생 지역을 파악한 뒤, 도시 단위의 실시간 대기 질 개선 정책을 가능하게 만들었다.

물론 AI가 기후 위기를 해결하는 만능 열쇠는 아니다. 그러나 AI가 기후환경 관련 올바른 데이터, 검증된 모델, 인간 중심의 거버넌스와 결합할 때, AI는 기후환경 예측·감시·감축·적응·정책을 한 줄로 꿰는 지능형 기후환경 인프라가 된다. AI기술을 휴머니즘 테크놀로지의 철학으로 기후환경을 생명·공정·글로벌협력으로 전 세계가 연대할 때, 우리는 기후재난의 속도를 따라잡는 것을 넘어, 기후환경 회복 문명으로 전환할 수 있다.

② AI 스마트시티와 지속 가능한 생활 방식

AI 스마트시티는 AI 기술을 기반으로 한 도시 혁신 모델로, 에너지, 교통, 건축, 보건, 폐기물 관리 등 도시의 거의 모든 영역에서 지능화와 지속 가능성을 추구한다. 이를 통해 단순한 자동화 도시가 아니라, 인간과 자연, AI기술이 조화를 이루는 생태 공동체를 지향한다.

예를 들어, 싱가포르의 AI스마트시티 정책은 도시 전체를 하나의 '디지털 생명체'로 바라보는 관점에서 출발한다. 이 도시는 교통 흐름, 쓰레기 배출, 전력 사용, 수질 상태를 수만 개의 센서와 AI 시스템으로 모니터링하고 예측함으로써, 에너지 낭비를 최소화하고 시민의 생활 질을 향상시킨다. 특히, 탄소 배출 저감을 위해 AI가 차량 흐름을 실시간 조정하고, 혼잡 구간을 피하도록 안내함으로써 대기 질 개선에 직접적으로 기여한다.

서울시 또한 AI 기반 교통 신호 최적화 시스템을 도입하여 출퇴근 시간 교통 체증을 20% 이상 감소시켰다.

이는 에너지 절약은 물론, 시민의 스트레스와 시간 손실까지 줄이는 긍정적 결과를 낳고 있다.

생활 속 지속 가능성에서도 AI는 중요한 도우미가 된다. 예컨대, 일본의 가정용 AI 에너지 관리 시스템 '에코넥트'는 가전제품의 실시간 에너지 소비를 분석해 사용자의 습관에 맞춰 절전 방안을 제안하고, 과소비를 방지한다. 이러한 기술은 친환경적인 소비문화를 촉진하고, 가정 단위에서도 기후 위기에 대응하는 실천을 가능하게 한다.

AI 인류혁명 시대에 AI 스마트시티의 가치는 '더 똑똑한 도시'가 아니라 '더 인간적인 도시'를 가능하게 하는 데 있다. 도시 차원에서는 예측·최적화로 자원 낭비를 줄이고, 가정과 개인은 맞춤형 피드백으로 생활 속 실천을 이어간다. 거시와 미시가 맞물리는 이 구조가 자리 잡을수록, AI 스마트시티는 탄소를 덜 배출하면서도 더 높은 삶의 질을 제공하는 지속 가능한 생활 플랫폼으로 진화할 것이다.

③ 지속 가능 문명을 위한 에너지 혁명과 AI

지속가능한 문명을 위해서 에너지 체제의 혁명적 전환이 필요하다. 화석연료는 빠르게 퇴출되어야 하며, 주력에너지가 태양광 · 풍력 · 소수력 · 지열 · 바이오에너지 · 조력 · 파력, 그리고 재생전력으로 생산한 그린수소 등 신재생에너지로 전환되어야 한다. 이들 자원이 간헐적이고 분산되어 있어 AI가 에너지 전환의 '두뇌'로 작동해야 한다.

AI는 기상 · 수요 · 시장 데이터를 실시간 학습해 발전량 변동을 분 단위로 예측하고, 전력계통 전체의 수급을 동적으로 균형잡는다. AI로 분산형 에너지 자원(DER)과 마이크로그리드를 디지털 트윈으로 재현해 최적 에너지 운영 시나리오를 탐색하고 즉시 적용함으로써, 지역 단위에서도 에너지 안정성과 효율을 동시에 확보한다. 가정 · 건물 · 공장 · 전기차가 에너지 프로슈머로 연결되면 AI는 에너지 거래 · 정산 · 수요반응을 자동화하여 참여 문턱을 낮추고, 필요한 시간 · 장소에 에너지가 흐르도록 조율한다.

에너지 공급과 수요 사이의 완충 장치인 저장 분야에

서도 AI의 역할은 중요하다. 배터리·열저장·수소저장 설비의 충·방전 타이밍을 최적화해 계통 안정성과 수익성을 함께 높이고, 풍력·태양광 단지에는 예지보전을 적용해 고장을 사전에 잡아 가동률과 발전량을 끌어올린다. 산업 현장에서는 공정별 열·전기 사용을 지속적으로 재배치하여 탄소와 비용을 동시에 절감한다. 도시 차원에서는 신호체계·냉난방·상·하수·폐기물까지 통합해 운영하면서, 총체적 에너지 발자국을 줄이는 운용 지능을 구현한다. 재난 시에는 분산 마이크로그리드의 자율 복구를 통해 전력망의 회복탄력성을 높인다.

한편 에너지의 혁명적 전환은 기술만으로 완성되지 않는다. 시민 참여형 에너지 플랫폼에서 목표·비용·편익을 투명하게 공유하고, 지역이 스스로 에너지 의사결정에 참여할 때 에너지 전환은 갈등이 아니라 연대의 과정이 된다. AI가 에너지 시스템의 두뇌가 되고, 인간의 가치가 그 방향을 정하는 나침반이 될 때, 우리는 기후위기를 넘어 지속가능한 에너지 신문명의 문을 열 수 있다.

CHAPTER 14

예술과 문화의 르네상스 : AI 창작 시대의 인간성

① AI 예술과 인간 창의성의 공존

AI가 그림을 그리고, 음악을 작곡하며, 시를 쓰고 영화의 시나리오를 만들고 제작하는 시대가 도래했다. 과거에는 AI는 정해진 알고리즘에 따라 반복적인 작업만을 수행한다고 여겨졌지만, 오늘날 생성형 인공지능(Generative AI)은 인간처럼 새로운 콘텐츠를 '창조'한다는 평가를 받고 있다. 그러나 진정한 창의성이란 무엇인가? AI의 창작은 인간의 예술성과 어떻게 다르고, 어떻게 공존할 수 있는가?

예술은 단순한 산출물이 아니다. 그것은 작가의 경험, 정서, 시대적 맥락, 철학이 스며든 결과물이다. 예를 들어, 에드바르 뭉크의 「절규」가 우리를 붙잡는 힘은 색과 구도의 기교 때문만이 아니다. 밤하늘을 뒤틀어 놓은 선과 색에는 작가가 직면한 불안과 고독, 그 시대의 실존적 긴장이 서려 있다. 작품은 그렇게 작가의 내면에서 출발해 관람자의 내면으로 건너가 공명을 만든다.

반면, 생성형 AI가 그리는 이미지는 수천만 장의 데이터를 학습해 통계적으로 그럴듯함을 만들어 내는 합성의 기술에 가깝다. 놀라운 완성도와 속도를 보여 주지만, 그 결과 뒤에는 '왜 이것을 그려야 했는가'라는 목적의식, 실패를 감수하며 선택을 밀어붙인 책임 주체, 체험에서 솟구친 내면의 서사가 존재하지 않는다. 그래서 AI가 생산한 이미지는 훌륭한 재료와 도구, 때로는 창작을 자극하는 거울이 될 수는 있어도, 의미를 부여하고 맥락을 결정하며 그 결과에 서명하는 일은 여전히 인간의 몫이다.

인간 예술가와 AI는 협업의 새로운 가능성을 보여준다. 유럽의 많은 예술가들이 AI와 손을 잡고 있다. 독일의 AI 아티스트 마리오 클링겐만은 생성형 알고리즘을 활용하여 독창적인 초상화를 제작하며 AI 예술의 새로운 지평을 열었다. 또한, 터키 출신의 미디어 아티스트 레픽 아나돌은 AI와 데이터를 이용한 대형 미디어 아트 전시를 통해 관객들에게 새로운 경험을 선사하고 있다.

그리고 한국의 디자이너는 AI를 통해 전통 문양을 새롭게 해석한 한복 패턴을 디자인해 주목을 받았다. 이러한 사례는 AI가 예술적 창작에서 '보조자', 혹은 '창조적 자극'으로 작용함을 보여준다.

AI는 반복 작업이나 기술적 보완을 담당하고, 인간은 감정과 의미 부여, 맥락 해석에 집중하는 방식의 하이브리드 창작 시대가 펼쳐지고 있는 것이다. 하이브리드 창작의 장점은 분명하다. 반복적이거나 기술적으로 번거로운 공정을 AI가 덜어 주면, 예술가는 탐구·실험·수정에 더 많은 시간을 쓸 수 있다. 수십 가지 구도, 톤, 리듬을 즉시 비교하며 미세 조정을 거듭하는 과정에서 표현의 해상도도 높아진다.

AI 인류혁명 시대에 예술은 인간과 기술의 대립이 아니라, 인간의 창의적 상상·의도·책임을 중심에 두고 AI와 협업의 과정이다. 인간의 창의적 상상력을 기반으로 AI가 제안하는 수많은 가능성 중 무엇을 선택해 어떤 의미로 엮어 낼지, 그리고 그 선택의 윤리적 결과에 서명할지가 예술가의 일이다. 이 기준이 분명할 때, 우리는 AI를 통해 작품의 속도와 상상의 범위를 확장하면서도, 인간만이 줄 수 있는 울림 즉 삶을 통과한 감정, 타자에게 건네는 책임 있는 목소리를 더욱 또렷하게 만들 수 있다. 그때 비로소 AI 예술과 인간 창의성은 경쟁이 아니라 상호 증폭의 관계로, 새로운 예술 르네상스의 문을 함께 열게 된다.

② 문화 다양성 보존과 증진

세계화와 디지털화는 동시에 두 가지 상반된 현상을 일으킨다. 하나는 '문화 획일화'이고, 다른 하나는 '다양성의 재발견'이다. AI는 이 두 흐름 모두에 영향을 주지만, 어떻게 활용하느냐에 따라 문화의 미래는 완전히 달라질 수 있다.

AI는 언어 번역, 음성 인식, 영상 재현 기술을 통해 소수 언어나 전통문화의 디지털 보존에 기여하고 있다. 예컨대, 유네스코는 AI를 활용해 아프리카 희귀 언어들을 디지털로 수집하고, AI 번역 모델을 학습시켜 사라져 가는 언어를 복원하고 있다. 또한 중국은 사라진 고대 벽화를 AI로 복원하고, 이를 VR 체험 콘텐츠로 만들어 전 세계에 공개하고 있다. 이는 단순한 과거 재현을 넘어, 기억의 민주화이자 문화의 재공유라고 볼 수 있다.

한편, 음악 스트리밍 서비스에서는 AI 알고리즘이 개인의 선호에 맞춰 콘텐츠를 추천해 주지만, 이는 자칫 '취향의 편향화'를 가져올 수 있다. 특정 장르나 스타일의 음악만 반복적으로 추천되고, 새로운 문화적 접근은 차단되는 것이다. 이에 대응해 AI 알고리즘을 사용자가 조정할 수 있게 하여 사용자의 의도에 따라 다양한 문화적 콘텐츠를 제공하는 AI플랫폼이 증가하고 있다. AI기술을 인간 중심으로 재설계하는 윤리적 시도인 셈이다.

AI는 문화 다양성을 강화할 수도 있고, 소멸시킬 수도 있다. 다시 말해, AI기술이 문제가 아니라 기술을 설계하고 사용하는 인간의 가치 판단이 결정적인 요소가 된다. 인간의 선택에 의해 AI는 각 문화의 고유함을 지키면서도 서로의 세계를 넓히는 새로운 문화 르네상스의 인프라가 될 수 있다.

③ 디지털 영성과 미학의 새로운 기준

디지털 공간에서의 예술과 문화 활동이 확산되면서, 인간의 정신성과 미학적 감수성도 새로운 기준을 요구받고 있다. 특히 AI 메타버스, 가상현실(VR), 증강현실

(AR) 기반의 예술 경험은 우리가 '진짜'라고 믿는 현실의 경계를 허물고 있다.

가상 갤러리와 NFT 기반의 디지털 전시는 물리적 제약을 벗어난 상상력을 펼칠 무대를 제공한다. 공간 비용이나 이동의 한계를 넘어, 세계 곳곳의 관람자와 작가가 동시적으로 만나고 협업하며, 작품의 제작·유통·소유 방식 또한 데이터 기반으로 재구성된다. 그러나 이 자유로움은 곧 질문을 동반한다. 과연 디지털 예술은 화면을 넘어 영혼의 울림을 전달할 수 있는가? 기술이 감각을 확장하는 만큼, 의미를 생성하고 책임을 지는 주체는 더 분명해야 한다.

몰입형 미디어아트는 이러한 난제를 정면으로 다룬다. 관람자의 동선과 제스처, 목소리, 심지어 생체신호까지 입력으로 수렴해 빛과 소리, 구조를 실시간 재조합하는 설치는, 정적인 감상을 관계적 체험으로 바꿔 놓는다. AI는 수많은 상호작용을 해석하고 반응해, 개인과 공동의 기억·정서를 건드리는 정서적 장면을 만들어 낸다. 이때 기술은 주제가 아니라 매개이며, 작품은 '보는 것'에서 '함께 만들어가는 것'으로 이동한다. AI는 인간의 감성을 해석하고 반응함으로써, 정적인 예술을 동적이고 관계 중심의 예술로 전환시키고 있다.

또한 종교와 영성의 영역에서도 AI가 실험적으로 도입되고 있다. 명상 앱에서는 AI가 사용자의 뇌파와 호흡 패턴을 분석해 맞춤형 명상 가이드를 제공하고, 기독교에서는 AI가 성경 본문을 기반으로 기도 메시지를 생성해 개인 기도문을 제안하는 서비스가 제공되고 있다. 이 과정에서 제기되는 핵심 물음은, '영성도 알고리즘화할 수 있는가'라는 신학적 딜레마다.

AI기술은 영성을 돕는 도구가 될 수 있지만, 영성 그 자체를 대체할 수는 없다. AI는 길을 비추는 랜턴일 뿐, 길 위를 걷는 일은 우리 인간의 몫이다. AI가 제공하는 몰입과 제안은 인간 경험을 보완할 수 있으나, 존재론적 깊이와 의미는 오직 인간 내면에서 우러나오는 것이다. AI 인류혁명 시대의 미학은 바로 이 사실을 잊지 않으면서, AI기술을 인간 존엄과 성찰의 방향에 맞추는 기준을 세운다. 그럴 때, 우리는 화면에서가 아니라 우리 안쪽에서 울리는 예술과 영성의 소리를 듣게 된다.

PART

5

AI 인류혁명을 위한 실천 방안

CHAPTER 15

윤리적 AI 개발과 규제 프레임워크

CHAPTER 16

개인과 조직의 대응 전략

CHAPTER 15

윤리적 AI 개발과 규제 프레임워크

① AI 윤리 원칙: 투명성, 공정성, 책임성

AI는 인간의 의사결정 과정을 자동화하고 심지어 대체하는 힘을 가지고 있다. 이미 AI는 인간의 판단을 보조하는 수준을 넘어 채용·대출·의료·사법·복지 등 삶의 중대한 결정을 자동화하고 있다. AI기술이 강해질수록 그 결정의 근거가 보이지 않거나 특정 집단에 불리하게 작동할 위험도 함께 커진다. 실제로 예측 알고리즘이 재범 가능성, 신용 위험, 보험료 책정에서 인종·성별·지역 같은 변수를 직·간접적으로 학습해 차별을 재생산한 사례가 발생하고 있다.

이처럼 AI기술이 강력해질수록, 그로 인한 사회적 책임과 윤리적 기준의 중요성도 커진다. AI의 의사결정이 불투명하거나 차별적일 경우, 인간의 기본권과 자유가 심각하게 침해될 수 있기 때문이다. 그러므로 AI는 처음 기획하는 순간부터 폐기되는 마지막 순간까지 AI 윤리의 레일 위에서 움직여야 한다. 그 레일을 이루는 핵심 원칙이 곧 투명성·공정성·책임성이어야 한다.

첫째, 투명성(Transparency)

투명성은 "왜 이런 결과가 나왔는가?"라는 질문에 설명 가능성(Explainability)과 절차적 투명성이 확보되어야 한다는 것이다. AI 판단 결과에 따른 위험이 높은 영역(의료·사법·공공복지 등)에서는 사람이 결과를 이해하고 검증할 수 있도록 근거 요인, 불확실성, 대안 경로를 제공해야 한다. 또한 당사자는 AI자동화 판단에 대해 이의제기할 권리가 있어야 하며, 감사기관은 AI 로그와 버전을 추적하고 잘못되었으면 수정할 수 있어야 한다.

둘째, 공정성(Fairness)

공정성은 AI 결과가 특정 집단이나 계층에 불리하게 작동하지 않도록 편향된 데이터를 제거하고, 학습과정에서의 균형을 확보해야 한다는 것이다. 결과의 평균치가 아니라 집단별·개인별 차별적 불이익을 사전에 방지해야 한다. 현장에서의 상호 입장 테스트와 영향평가

(Algorithmic Impact Assessment)를 통해 실제 사용자와 집단에게 미치는 효과를 확인하고, 불합리하게 불리한 영향을 발견하면 자동 차단·롤백 절차로 즉시 수정해야 한다.

셋째, 책임성(Accountability)

책임성은 AI 시스템이 사고를 일으켰을 경우, 명확한 책임 주체와 보상 시스템이 마련되어야 하며, 기술 설계자는 그 결과에 도덕적 책임을 져야 한다는 것이다. 특히 고위험 영역은 사람-검토(Human-in-the-loop)를 기본으로, AI의 권고가 최종 결정을 대체하지 않도록 가드레일을 설계한다. 이를 위해 경영진과 AI 관리자 임무와 리스크 관리 지표에 윤리·안전 성과를 포함시켜 거버넌스를 실질화해야 한다.

이러한 AI윤리 원칙은 단지 선언에 그쳐서는 안 되며, 법제도, 설계 단계, 실행 프로세스 전반에 걸쳐 통합적으로 적용되어야 한다. AI 인류혁명 시대에 윤리적 AI는 발전의 속도를 늦추는 족쇄가 아니라, 지속 가능한 발전을 위한 신뢰와 사회적 수용성을 확보하는 인프라다. 투명성·공정성·책임성을 표준으로 삼을 때, AI는 권력과 편향을 증폭하는 장치가 아니라 인간의 존엄과 공공선을 확장하는 동력이 된다.

국제미래학회가 제정·확산하고 있는 '인공지능 사용 윤리 10계명'은 이러한 철학을 사용자 차원에서 구체화한 예다. AI 윤리는 결국 AI 사용자의 윤리적 AI 사용이 기반이 될 때 힘을 갖게 되고 AI 개발과 운영도 이러한 기준을 적극적으로 따르게 된다. AI 윤리는 모두가 함께 지켜야 하는 교통 규칙과 같다. 신호를 무시하는 한 사람 때문에 전체 도로가 위험해지듯, 한 번의 무책임한 AI 사용이 AI 시스템 전체의 신뢰를 무너뜨린다. 반대로 규칙을 공유하고 실천할 때, AI는 더 안전하고, 더 공정하고, 더 인간을 위한 방향으로 진보한다.

② 세계 각국의 AI 규제 동향

현재 세계 각국은 AI 기술의 급속한 확산에 대응하기 위해 다양한 규제와 가이드라인을 마련하고 있다. 유럽연합(EU)이 대표적으로 AI 법안(AI Act)'을 2024년 채택하였다. 이 법은 AI 시스템을 위험 수준에 따라 분류하고, 고위험 AI에는 강력한 인증과 감독을 의무화했다. 예를 들어, 생체인식 시스템, 신용 평가, 자율주행 등은 고위험 범주에 속하며, 사용자는 반드시 투명한 설명을 받을 권리를 가진다. 유럽의 AI범안 실효가 범용(기초)모델(GPAI) 관련 거버넌스 의무는 2025년 8월 2일, 고위험 AI 요건 전면 적용은 2026년 8월 2일, 일부 제품 규제와 묶인 고위험 부문은 2027년 8월 2일부터다. 사용자는 설명을 받을 권리를 갖고, 제공자·배포자는 데이터 거버넌스, 기록·모니터링, 인간 감독 등 엄격한 요건을 충족해야 한다.

한편, 미국은 시장 중심의 규제 기조를 유지하되, 연방무역위원회(FTC)와 백악관이 AI의 소비자 권익 침해를 막기 위한 윤리 기준과 안전 검증 절차를 마련하고 있다. 중국은 보다 통제 중심의 접근을 택하며, AI 기반 콘텐츠 플랫폼에 대해 강력한 검열과 책임 소재 규정을 강화하고 있다. 예를 들어 중국은 2022년 알고리즘 추천 규정, 2023년 '딥합성(딥페이크) 규정'과 '생성형 AI 서비스 잠정관리규정'을 잇달아 시행해 데이터 원천의 적법성, 생성물의 표시·추적, 보안평가, 서비스 제공자의 책임을 광범위하게 부과했다.

한국은 2024년 12월 'AI 기본법'(인공지능 개발 촉진 및 신뢰 기반 조성을 위한 기본법)을 통과시켰고, 2026년 1월 시행을 앞두고 2025년 내 세부 시행령·고시(하위규정) 정비를 진행 중이다. 개인정보보호위원회는 2025년 8월 생성형 AI 개발·이용 전 과정에서의 개인정보 처리 가이드를 발표해, 공개 웹데이터 수집·학습 시 원천 추적, 정기 평가, 비식별화 등 안전장치를 명확히 요구했다. 한국은 2024년 'AI 서울 정상회의'를 공동 주최해 '서울 AI 선언'과 '프론티어 AI 안전 약속'을 이끌어내며 국제 협력형 AI거버넌스의 축을 세웠다.

이처럼 국가별 규제 모델은 정치 체제와 사회 문화에 따라 다르지만, 공통적으로 AI가 개인 프라이버시와 인간의 자율권 및 존엄성을 침해하지 않도록 하는 기본 틀을 마련하려는 시도가 진행되고 있다. AI 인류혁명 시대 국제사회는 이러한 각국의 규제를 조율하고, 글로벌 차원의 AI 윤리 표준과 협력 체계를 구축하는 과제가 시급하다. AI기술은 국경을 초월해 작동하므로, AI 윤리도 마찬가지로 국제적 협력과 조화가 요구된다.

③ 인간 중심의 AI기술 발전 전략

AI 인류혁명 시대 우리가 지향해야 할 방향은 AI기술 중심이 아니라 인간 중심, 특히 인간 존엄 중심의 기술 발전이다. AI는 본질적으로 도구이며, 그것을 사용하는 주체가 인간이라면, AI기술의 목적 역시 인간의 존엄성과 권리를 지키는 데 있어야 한다. 따라서 AI기술은 효율·수익·속도 이전에 사람의 권리와 자유를 지키고 삶의 질을 높이도록 인간에 의해 설계·운영·감독 되어야 한다. 이 원칙이 분명할 때, AI 혁신은 사회적 신뢰를 동력으로 삼아 더 멀리 갈 수 있다.

국제앰네스티와 인권감시기구(HRW)는 AI가 감시, 억압, 차별에 사용될 위험을 경고하고 있으며, 특히 디지털 권위주의 국가에서 AI가 시민의 표현의 자유를 억압하는 수단으로 전락하고 있음을 지적한다.

이에 반해, 인간 존엄성과 인권 중심 AI 설계를 실천하는 기업과 도시도 있다. 예를 들어, 캐나다 몬트리올은 시민과학자, 철학자, 기술자가 함께 만든 'AI 윤리 헌장'을 바탕으로 공공 AI 시스템을 설계하며, 프라이버시 보호와 참여적 의사결정을 실현하고 있다.

이처럼 AI기술의 설계 단계부터 인간 중심 가치를 녹여내는 '휴머니즘 테크놀로지'가 AI 인류혁명 시대의 새로운 패러다임이 되어야 한다. 우리는 AI기술의 윤리적 진화를 통해 인간성의 진보를 가능하게 할 수 있다는 믿음을 바탕으로 미래를 준비해야 한다.

결국 AI 인류혁명 시대의 진보는 더 똑똑한 기계가 아니라, 더 성찰적인 사회다. AI 설계에서 운영, 평가와 개선에 이르기까지 전 생애주기 동안 인간 존엄을 최우선 원칙으로 삼을 때, AI는 불평등과 통제를 증폭하는 기계가 아니라 인간성의 회복과 강화를 돕는 동반자가 된다. 우리는 그 믿음을 AI 정책과 표준, 조직의 문화, 현장의 관행으로 구체화하며 미래를 준비해야 한다.

CHAPTER 16

개인과 조직의 대응 전략

① AI 인류혁명 시대 생존을 위한 역량 강화

AI 기술의 급속한 발전은 단지 기술 전문가만의 문제가 아니다. 모든 개인이 어느 정도의 디지털 리터러시와 AI 이해력을 갖추지 않으면, 일자리의 상실뿐 아니라 사회적 배제의 위험도 커진다. 이런 문제의식을 바탕으로 국제미래학회는 누구나 자신의 생활·업무 영역에서 AI를 건강하고 책임 있게 활용하도록 돕는 12가지 AI 활용 과정을 운영하고 있다. 현장 중심의 오프라인 실전 교육을 병행하며, 세계 최대 온라인 교육 플랫폼인 유데미(Udemy)에서 《인공지능 지도사(AI Leader)》, 《AI 활용 역량 인증(AIQ Test)》, 《인공지능 마에스트로(AI 거장)》 교육으로 누구나 시간과 장소의 제한 없이 AI 리터러시 역량을 갖출수 있도록 온라인 과정을 제공하고 있다.

그리고 AI 인류혁명 시대는 AI 활용 역량과 함께 새로운 인지적·정서적 역량이 필요하다. 예를 들어, 세계경제포럼(WEF)이 제시한 '미래 핵심 역량'은 창의성, 비판적 사고, 문제 해결 능력, 디지털 소통 능력, 감성 지능 등을 포함한다. AI가 반복 작업과 분석을 자동화하는 만큼, 인간은 판단력, 창의성, 공감 능력을 강화해야 한다. 이러한 역량은 단기간의 AI기술 학습만으로는 습득되지 않기에, 평생학습이 핵심 전략으로 떠오르고 있다.

한국의 한 공공기관에서는 모든 직원에게 'AI 리터러시 인증제'를 도입하여, 각자의 직무와 연계된 AI 활용 능력을 주기적으로 점검하고 있다. 이 제도는 단지 기술 습득을 넘어서, 조직 전체의 디지털 전환을 촉진하는 데 기여하고 있다.

일반 개인도 AI에 대한 두려움이나 거부감을 갖기보다, 오히려 AI를 나의 조력자이자 협력자로 인식하고 적극적으로 활용할 수 있어야 한다. 예컨대, 작가들은 글쓰기 보조 AI를 활용해 초안 작성을 빠르게 완성하고, 교사는 학습자의 성향에 맞는 맞춤형 학습 콘텐츠를 자동 생성할 수 있다.

AI 인류혁명 시대 생존의 조건은 명확하다. AI 활용 역량과 인간 고유 역량(창의 · 인성 · 감성 · 영성)의 결합, 그리고 이를 뒷받침하는 자율적 평생학습. 이 삼박자가 맞춰질 때, AI는 일자리를 빼앗는 기술이 아니라 자신의 경력과 삶을 확장하는 협력자가 된다.

② AI 인류혁명 시대 기업의 사회적 책임(CSR)과 지속 가능 경영

기업은 이제 AI를 통해 생산성을 높이고 비용을 줄이는 것만으로는 충분하지 않다. 이제 기업의 사회적 책임(CSR: Corporate Social Responsibility)은 곧 사업의 생존 조건이 되었다. 소비자와 투자자는 “무엇을 만들었는가”보다 “어떻게 만들고, 누구에게 어떤 영향을 미치는가”를 묻는다. 다시 말해 사회 공헌이 곧 경쟁력이며, 사회적 책임은 성장의 제약이 아니라 성장을 지속시키는 인프라다.

이 관점에서 ESG(Environmental, Social, Governance)는 AI 도입의 선택 기준이 아니라 설계 원칙이 된다. 이를 소홀히 하면 단기 이익은 얻을지 몰라도, 규제 리스크 · 소송 · 불매와 함께 인재 이탈이라는 더 큰 비용을 치르게 된다. 기업의 경영은 더 이상 홍보용 캠페인이 아니라,

이해관계자 모두와의 신뢰 구축을 위한 본질적 투자여야 한다.

AI 인류혁명 시대에 사회공헌은 지속 가능 경영을 위해 선택이 아니라 핵심 사업 전략이다. 기술 스펙이 아니라 인간 중심 가치의 일관된 실천이 기업을 평가하는 새로운 잣대가 되었다. 사회적 책임을 비용이 아닌 신뢰 자본으로 축적하는 기업만이 규제의 파고를 넘어, 더 큰 시장과 더 긴 성장 곡선을 그릴 수 있다. AI가 바꿀 미래의 승자는 더 빠른 기업이 아니라, 더 사랑받고 신뢰받는 기업이다.

③ 지역사회 주도의 AI 혁신 모델

AI 혁신은 국가나 대기업 수준에서만 이루어지는 것이 아니다. 오히려 지역사회 단위의 작지만 의미 있는 실천이 AI 기술을 인간 친화적으로 만드는 데 핵심적인 역할을 할 수 있다.

예컨대, 핀란드 정부는 'AI for Everyone'이라는 캠페인을 통해, 일반 시민 누구나 AI의 기본 개념과 활용법을 배울 수 있도록 교육을 전국적으로 시행하였다. 이

프로그램은 시민들의 AI 인식 수준을 비약적으로 향상시켰으며, 중소기업과 공공기관의 디지털 전환에도 큰 도움이 되었다.

한국의 지역에서는 주민과 전문가, 공무원이 함께 참여한 'AI 마을 만들기' 프로젝트를 통해, 고령 주민의 건강 데이터를 AI로 분석하고, 응급 상황을 조기 감지하는 시스템을 도입하였다. 이는 단순한 기술 도입이 아니라, 지역 주민의 생활 문제를 기술로 해결하는 공동체 기반 혁신 모델이다.

또한 지역 대학, 스타트업, 시민단체가 협력하여 'AI 리빙랩'을 운영함으로써, 실생활 문제를 실험하고, 기술을 검증하며, 시민이 기술 개발에 직접 참여하도록 하는 모델도 확산되고 있다. 이러한 '참여형 AI 생태계'는 단순히 기술을 소비하는 것을 넘어, 시민이 기술 발전의 주체가 되는 새로운 문명 방식을 제안한다.

지역사회 주도의 AI 혁신이 성공하려면 몇 가지 원칙이 중요하다. 첫째, 포용성, 즉 디지털 취약계층도 함께 배울 수 있는 AI 교육과 접근성 제고이다. 둘째, 공공성 즉 데이터의 투명한 관리와 알고리즘 설명 책임이다. 셋째, 작은 성공의 축적, 즉 단기 성과를 통해 신뢰를 만들고 범위를 단계적으로 넓히는 실행 전략이다. 넷째, 연결성, 즉 지자체, 학교, 병원, 기업, 시민단체를 하나의 협업망으로 엮는 AI 운영 거버넌스다.

결국 지역은 AI 인류혁명의 최전선이다. 삶 가까이에서 정의된 문제, 시민이 설계에 참여한 해법, 공공성과 포용성을 담보하는 운영이 결합될 때, AI는 거대담론을 넘어 우리 동네의 체감 변화로 자리 잡는다. 바로 그때, AI기술은 사람을 따르고, 지역은 AI기술을 통해 더 따뜻하고 똑똑한 공동체로 성장한다.

PART
6

AI 인류혁명 시대,
인간을 위한 미래

CHAPTER 17

미래 시나리오: 낙관적 전망 vs. 비관적 전망

CHAPTER 18

AI 인류혁명 시대, AI와 함께 하는 인간의 위대한 여정

CHAPTER 17

미래 시나리오 : 낙관적 전망 vs. 비관적 전망

① 유토피아 vs. 디스토피아: 어떤 미래를 선택할 것인가?

AI가 몰고 올 우리의 미래는 정해진 운명이 아니라, 우리가 만들어가는 선택의 결과이다. AI기술 자체는 선도 악도 아니며, 우리 인간이 어떤 가치와 목표로 그것을 어떻게 설계하고 어떤 규칙으로 운영하며 어떤 용도로 사용하는가에 따라 인류의 미래는 유토피아와 디스토피아의 양극단으로 갈릴 수 있다.

유토피아적 미래에서는 AI가 인간의 삶의 질을 비약적으로 향상시키는 도구로 작용한다. 자율주행차는 교통사고를 줄이고, AI 의료진단은 조기 질환 발견을 통해 생명을 살리며, 농업 AI는 기후 변화에 탄력적으로 대응해 식량 위기를 극복할 수 있다. 노동자는 반복적 업무에서 해방되어 창의적·의미 있는 일에 집중하고, 교육은 개인 맞춤형으로 최적화되어 모두의 잠재력을 실현할 수 있다. 이 미래는 공상과학이 아니라, 곳곳에서 증거를 쌓아가는 현실적 가능성이다.

그러나 디스토피아적 미래도 동시에 가능하다. AI가 인간의 감시와 통제를 강화하고, 일자리의 대량 상실은 사회적 불평등을 심화시키며, 소수 빅테크 기업이 기술과 자본, 데이터를 독점함으로써 새로운 형태의 디지털 봉건제도가 등장할 수 있다. AI가 생성한 정보가 인간의 판단을 대체하고, 진실과 거짓, 현실과 가상의 경계가 사라지는 포스트 진실(Post-truth) 사회는 민주주의의 기반을 위협한다.

실제로 이미 일부 권위주의 국가는 AI 안면 인식 기술을 사용하여 시민을 감시하고, 의견 표현을 억제하고 있다. 또한 대형 플랫폼의 알고리즘은 사회적 분열과 극단화를 조장하는 콘텐츠를 우선 추천함으로써 인간의 인지 편향을 강화하고 있다. 이 모든 것은 AI기술이 인류를 이롭게 하기보다, 소수의 권력을 위해 봉사할 수 있다는 경고다.

따라서 앞으로 펼쳐질 새로운 인류 문명은 AI기술의 성능이 아니라 인간이 정하는 AI 운용의 원칙이 양극단의 길 중 하나로 가게 한다. AI 인류혁명 시대가 디스토피아가 되지 않기 위해서는 무엇보다 인간 스스로 주체성을 잃지 않는 것이다.

AI가 아무리 발전해도 인간이 조정하고 인간이 최종 결정하며 인간이 요청하는 주체적 역할을 해야 한다. 이를 위해서 먼저 우리 스스로 인간의 존엄성을 중시하며 인간다움을 강화해야 한다. 우리는 AI를 이해하고 활용하되 AI에게 전적으로 의지하거나 순응하는 존재가 되어서는 안 된다. 그리고 AI를 개발하고 설계할 때부터 인간 존엄을 최우선으로 하고, AI 전환이 사회적 안전망 하에서 공정하게 이루어지게 하며, AI 데이터 거버넌스의 개방과 분산으로 독점을 견제하고, AI 리터러시로 AI를 조정하고 선용할 수 있도록 모두에게 AI교육을 제공해야 한다.

AI 인류혁명 시대 우리의 미래는 "무엇을 지키고, 무엇을 키우며, 어떻게 다스릴 것인가?" 즉 인간의 존엄과 인간다움을 지키며, 인간의 자유의지와 자율성, 개성적 창의성과 따뜻한 인성, 가치 지향의 영성을 키우며, 투명성과 책임이 살아 있는 AI거버넌스로 다스릴 때 AI는 디스토피아로 이끄는 공포의 대상이 아니라 인간 존엄과 인간다움의 확장 장치가 된다. 유토피아와 디스토피아의 갈림길에서 AI기술이 아닌 우리의 선택이 인류의 미래를 결정한다.

② AI 인류혁명 시대 긍정적 변혁을 위한 글로벌 협력

AI 인류혁명 시대 AI기술의 영향력은 국경을 초월한다. 한 나라의 알고리즘이 다른 대륙의 시장과 여론, 심지어 시민의 권리까지 흔드는 시대에, 대응 역시 초국가적이어야 한다. 이에 대응하기 위한 글로벌 협력은 선택이 아니라 필수이며, 단순한 기술 표준의 통일을 넘어 인류가 공유할 윤리의 언어와 실천 규칙을 만들기 위한 공동의 과정이어야 한다.

국제연합(UN), OECD, 세계경제포럼(WEF)이 제시해 온 '신뢰할 수 있는 AI(Trustworthy AI)' 원칙과 2021년 유네스코의 「AI 윤리 권고안」은 이런 협력의 최소 공통분모를 제공한다. 인간 존엄, 정의, 환경 지속성, 평화 같은 상위 가치가 각국의 정책과 산업 표준에 스며들 때, AI기술 경쟁은 인권의 후퇴가 아니라 공공선의 확장으로 연결된다. 동시에 '글로벌 파트너십 on AI(GPAI)' 같은 연합체는 정부·시민사회·학계·기업이 함께 가이드라인을 설계하는 장으로서, 고위험 AI의 사전·사후 평가, 상호운용 가능한 감사 체계, 책임 있는 데이터 공유의 토대를 넓혀가고 있다.

그러나 선언만으로는 부족하다. 실제 변화는 만들어진 합의를 '작동하는 규칙'으로 바꾸어야 구현된다. 이 지점에서 국제미래학회가 한국에서 개최하고자 하는 세계미래대회(World Futures Congress)는 의미 있는 촉매제가 될 수 있다. 세계미래대회는 전 세계 미래학자, 각국 미래 싱크탱크의 수장, 그리고 미래세대 리더들을 초청해 매년 각국의 미래 연구 결과를 공유·토론하고, 인류와 세계의 핵심 아젠다에 대한 실행 가능한 전략을 공동으로 설계·제안하는 자리다. 목표는 단순한 논의에 그치지 않고, 토론과 협의와 합의를 통해 원칙·규제·정책·법제를 국제 협약의 형태로 제안하여 글로벌 차원의 이행을 촉진하는 것이다.

국제미래학회가 세계미래대회를 통해 지향하고자 하는 AI 글로벌 협력 실천 방안은 다음과 같다. 첫째, AI 의제 설정과 선언: AI 인류혁명 시대 AI윤리·인권·환경·안전·공정성을 중심으로 한 'AI 미래 선언'을 매년 채택해 국제 기준의 방향타를 제시한다. 둘째, 정책 프로토타이핑: AI 알고리즘 영향평가(AIA), 데이터 신탁, 설명가능성 기준, 고위험 AI 인증 등 핵심 제도의 모범 규정(Model Law)과 정책 툴킷을 공동 설계해 각국이 바로 적용할 수 있도록 한다. 셋째, 글로벌 AI 격차 해소: AI 데이터 · 연구 인프라 · 전문가 네트워크를 공유하는 'AI 오픈 협력 트랙'을 통해 국가 간 AI 디지털 격차를 줄이고, 전력 · 보건 · 교육 등 공공 현안에 AI를 투입할 수 있는 실무 역량을 지원한다. 넷째, AI 미래세대 정책: 청년 연구자 · 창업가 · 시민활동가가 직접 제안하고 시험하는 정책 랩(Policy Lab)을 운영해 미래세대 스스로 미래를 위한 정책을 제안하게 하여 세대간 소통과 공감으로 실천을 강화한다.

팬데믹과 기후 위기는 글로벌 협력으로 함께 풀어야만 풀리는 문제가 무엇인지 이미 증명했다. 코로나19 국면에서 AI는 감염 확산 예측, 병상 수요 분석, 치료제 탐색의 속도를 높이며 위기 대응의 공용 인프라가 될 수 있음을 보여 주었다. 기후변화, 난민, 식량안보 같은 초국경 과제 역시 데이터 · 모델 · 전문가 네트워크가 국제적으로 엮일 때 실질적 해법이 열린다. 관건은 AI기술의 성능이 아니라, 우리가 기술을 통해 글로벌 협력을 위한 의지와 규칙을 얼마나 정교하게 마련하느냐이다.

정리하면, 긍정적 변혁을 위한 글로벌 협력은 세 가지를 갖춰야 한다. ① 인간 존엄을 최상위 원칙으로 삼는 공동 규범, ② 글로벌 차원의 책임 있는 AI 데이터와 연구 인프라의 상호연결·개방, ③ 국가 간 AI 역량과 인프라 격차 해소를 위한 공동 투자와 지식 이전이다. 국제미래학회가 제안하는 세계미래대회는 이 세 축을 현실에서 움직이게 하는 실행 플랫폼이자 연결의 엔진이 될 수 있다.

유토피아와 디스토피아의 갈림길에서 우리의 선택을 가능하게 하는 힘은 글로벌협력의 구조다. 한국이 그 구조를 설계하는 전초기지가 되고, 세계가 그 구조를 통해 신뢰를 축적할 때, AI는 각축의 도구가 아니라 공공선을 확장하는 세계적 기반이 된다. 이것이 바로 AI 인류혁명 시대의 긍정적 변혁을 향한 글로벌 협력의 길이며, 우리가 함께 만들어야 할 내일의 약속이다.

대한민국은 이러한 역할을 통해 홍익인간의 국가 이념을 인류애로 구현하면서 세계의 미래를 밝은 길로 선도하여 미래 세대에게 희망을 주는 글로벌 미래 허브로서 K-이니셔티브를 구현하게 된다.

③ AI 인류혁명 시대, 인류의 집단적 지혜와 혁신

AI 인류혁명 시대의 의미 있는 변화는 AI기술 자체가 아니라, 인류의 집단 지성과 협업 능력의 진화에 달려 있다. AI기술의 힘보다 더 중요한 것은, 그것을 다룰 수 있는 인간의 도덕적 감수성, 공동체 의식, 상호 신뢰의 문화다.

AI는 지식을 축적하고 패턴을 예측할 수는 있지만, 새로운 문명 방향성을 설정하는 철학적 성찰과 윤리적 결정은 인간만이 할 수 있는 영역이다. 우리가 기술적 선택을 넘어서 '어떤 삶이 인간다운 삶인가'라는 질문을 던지고, 그에 대한 합의와 실천을 이루어 갈 때, AI는 인류 문명을 진보시키는 동반자가 될 수 있다.

고대 그리스 철학자 플라톤은 "좋은 삶이란 진리를 추구하고, 선을 실현하며, 아름다움을 창조하는 삶"이라고 했다. 이 세 가지 가치, 즉 진(眞), 선(善), 미(美)는 인간이 AI 인류혁명 시대에도 결코 포기해서는 안 될 가치다. 오히려 이 시대에 되살리고, 인류 공동체가 내면화해야 할 귀중한 가치이다.

AI 혁명이 진정한 인류혁명이 되기 위해서는, AI기술의 변화만이 아니라 인간 내면의 진보와 사회 전체의 윤리적 혁신이 함께 일어나야 한다. 그것은 과학만으로 이룰 수 없는 변화이며, 문화, 철학, 예술, 교육을 통한 공동체의 지혜가 함께하는 위대한 여정이다.

AI 인류혁명 시대 공동체의 지혜는 AI의 '엔진'을 인간을 위한 방향으로 움직이게 하는 '나침반'이자 '브레이크'이다. 공동체의 지혜는 개인에게는 성찰과 절제, 공감과 책임으로 작동하고, 조직에는 투명성과 설명, 공정성과 책임 귀속으로 작동되며, 사회에는 숙의와 장기적 관점으로 구현될 때, AI는 인간을 대체하는 힘이 아니라 인간다움을 확장하는 동력으로 역할을 하게 된다. 인간의 지혜가 없는 AI기술은 방향 잃은 가속 페달이고, 인간의 지혜가 함께하는 AI기술은 문명을 인류를 위한 방향으로 앞으로, 함께, 오래 가게 하는 힘이 된다.

CHAPTER 18
AI 인류혁명 시대, AI와 함께 하는 인간의 위대한 여정

① AI기술 발전보다 인간성 회복이 우선이다

AI가 만들어갈 미래는 단순히 기술적 진보의 결과가 아니라, 인간이 어떤 가치를 선택하고 지켜내느냐에 따라 달라진다. AI가 아무리 고도화되더라도, 그것이 인간의 삶을 윤택하게 하지 못한다면 그 기술은 본질을 잃은 것이다. 따라서 우리가 진정으로 집중해야 할 과제는 AI 기술 발전보다 인간성의 회복이다.

현대 사회는 오랫동안 경쟁·효율·성과를 최고의 미덕으로 삼아왔다. 그 결과 우리는 관계의 온도와 말의 무게, 약자에게 먼저 손 내미는 습관 같은 일상의 덕목을 조금씩 잃어왔다. AI가 본격적으로 생활과 제도 속에 스며들면 이 경향은 더욱 가속될 수 있다. 자동화가 판단을 대체하고, 추천이 선택을 대리하며, 감시가 안전이라는 이름으로 일상을 파고드는 순간, 인간은 시스템의 부속으로 전락되기 쉽다. 바로 그렇기 때문에 지금이야말로 인간 본연의 가치, 즉 자유의지와 자율성, 개성적 창의성, 따뜻한 인성, 가치지향적 영성을 다시 중심에 세워야 할 때다.

인간성의 회복은 추상적 구호가 아니라 올바른 기준으로 AI를 설계하고 운영하며 사용할 때 가능해진다. 첫째 기준은 인간 존엄을 기준으로 삼는 일이다. 사람을 데이터 포인트가 아닌 삶의 이야기를 가진 존재로 대하며, AI의 설계·운영·평가 전 과정에서 "이 기술이 인간의 권리와 자율을 확장하는가"를 묻는 습관을 들여야 한다. 둘째 기준은 관계를 우선하는 일이다. 편리함이 소통의 깊이를, 효율이 배려의 여지를 갉아먹지 않도록 가정·학교·일터에서 신뢰와 공감을 기르는 문화를 회복해야 한다. 셋째 기준은 공동선과 지속가능성을 향한 책임이다. 빠른 성과 대신 세대 간 정의와 지구의 회복력을 우선하는 느린 판단을 채택할 때 AI기술은 모두의 삶을 개선하는 공공재가 된다.

이러한 기준 위에서라야 AI기술은 비로소 인간성 회복의 도구가 된다. 위험하고 반복적인 일을 기계에 맡겨 인간에게 시간을 돌려주고, 교육에서는 각 개인의 가능성을 세밀하게 발견하며, 의료와 복지에서는 취약한 이웃을 더 빨리 더 정확히 찾아 돕게 만든다. AI기술이 엔진이라면, 인간성은 방향을 잡아주는 운전대이다. 운전대 없이 달리는 문명은 결국 벼랑을 향한다.

AI 인류혁명 시대의 우리의 사명은 AI기술이 인간을 대체하지 못하도록 막는 것이 아니라, AI기술을 통해 인간성이 더 크게 피어나게 하는 것이다. 인간 중심, 생명 중심, 공동체 중심은 양보할 수 없는 핵심 원칙이다. 우리가 이 원칙을 가슴에 새기고 AI를 그 방향에 정렬시킬 때, AI는 두려움의 대상이 아니라 더 많은 자유와 더 깊은 연대, 더 넓은 행복을 향해 인류를 이끄는 동반자가 될 것이다.

② AI는 도구일 뿐, 주인은 인간이다

AI가 아무리 강력해지더라도, 그 자체로는 목표를 설정하거나 방향성을 결정하지 못한다. 인간의 손에 의해 설계되고, 인간의 선택에 의해 사용되는 이상, AI는 어디까지나 인간의 도구이며 수단이다. 문제는 그 도구를 누가 어떻게 사용하느냐에 달려 있다.

20세기 초, 물리학자 아인슈타인은 핵분열의 원리를 밝혔지만, 그 기술이 원자폭탄으로 사용될 것이라고 예견하지는 못했다. 마찬가지로 오늘날의 AI 개발자들이 설계한 알고리즘은 복잡한 예측과 연산을 수행할 수 있으나, 그것이 인류에게 축복이 될지 재앙이 될지는 인간 사회 전체의 선택과 운용에 달려 있다.

우리는 AI를 통해 더 나은 세상을 설계할 수도 있고, 더 깊은 불평등과 통제의 세상을 만들 수도 있다. 그렇기에 기술의 강력함을 두려워하기보다, 그 기술을 통제하고 올바른 방향을 설정할 수 있는 인간의 지성과 윤리의식을 더욱 단단히 해야 한다. 핸들은 가치, 브레이크는 책임, 계기판은 투명성이다. 이 세 가지가 갖춰질 때, AI는 인간을 대체하는 힘이 아니라 인간다움과 공동선을 확장하는 동력이 된다.

AI 인류혁명 시대에 모든 주권은 인간에게 있어야 한다. AI로 자동화된 결과는 참고 자료일 뿐, 최종 판단과 책임은 사람의 주권하에 있어야 한다. 주인은 우리이다. 우리가 정한 목적과 원칙에 AI를 정렬시킬 때, AI기술은 통제의 장치가 아니라 자유의 인프라가 된다. 그리고 그 방향을 잃지 않도록, 인간의 존엄을 최상위 규범으로 새겨 두어야 한다.

③ 미래 세대를 위한 공동의 책임

우리가 지금 내리는 AI 관련 결정은 당장의 편의나 효율을 넘어, 다음 세대의 삶의 양식과 문명의 구조를 고정시키는 선택이 된다. 교육·노동·문화·정치·환경, 나아가 인간관계와 영성까지 AI의 영향권 안으로 들어온 오늘, 우리는 단순한 AI기술의 사용자이자 수혜자를 넘어 문명의 설계자이자 계승자다. AI기술은 세대를 관통해 지속되고, 한 번 설계된 제도와 인프라는 쉽게 되돌리기 어렵다. 따라서 오늘의 선택은 내일의 자유를 확장할 수도, 제약할 수도 있다.

이 책임 의식은 도덕적 훈계에서 끝나지 않는다. 미래를 함께 창조하는 능동적 주체로서의 자각이 필요하다. 우리의 미래 세대들이 'AI기술을 단순히 소비하는 사람'으로만 존재하는 것이 아니라 'AI기술을 이해하고 조정하는 시민'으로 자라도록, 학교와 지역사회, 가정이 함께 디지털 인권과 데이터 윤리를 기본 소양으로 가르쳐야 한다. AI알고리즘을 맹신하는 태도 대신, 질문하고 검증하고 수정하는 습관을 길러 주는 것이 교육의 핵심이 되어야 한다.

AI 정책과 제도 또한 세대 책임의 언어로 다시 써야 한다. 공공과 민간의 AI 시스템은 설명 가능성, 안전장치, 책임 귀속을 의무화하고, 어린이 · 청소년을 위한 '권리 기반 설계'를 표준으로 삼아야 한다. AI 데이터와 AI 모델의 거버넌스에는 시민 참여와 아동 · 청년 대표성을 보장하고, 장기 영향평가와 일몰조항을 통해 AI기술이 사회적 통제를 벗어나지 않도록 해야 한다. 더불어 AI 인프라가 소비하는 전력과 자원의 발자국을 투명하게 공개하고, 그린 데이터센터와 재생에너지 전환으로 상쇄하는 '그린 AI'를 실천해야 한다.

문화와 교육, 철학과 윤리의 복원이 동행할 때 비로소 AI기술은 사람을 위한 도구가 된다. 핀란드가 모든 미래 세대들에게 디지털 인권과 AI 데이터 윤리를 가르치며 'AI기술을 다루는 시민'을 길러내려는 시도처럼, 우리 역시 미래 세대를 위한 윤리적 유산을 준비해야 한다. 이는 하나의 교과를 추가하는 문제가 아니라, 학교 · 기업 · 정부 · 시민사회가 함께 만드는 사회적 합의와 실천의 문제다.

AI 인류혁명 시대 미래세대를 위해 우리는 약속해야 한다. AI기술의 속도를 사람의 가치에 맞추고, AI혁신의 방향을 인간의 존엄과 지구의 지속가능성에 정렬시키며, 오늘 우리가 세운 AI 원칙과 제도, 길러낸 역량이 내일의 미래 세대들에게 더 넓은 가능성과 더 깊은 자유를 열어 줄 때, AI는 미래세대에게 부담이 아니라 선물이 된다.

④ AI와 함께, 인간답게 사는 문명의 설계

결국 AI 인류혁명의 핵심은 '기술의 진보'가 아니라 '인간 삶의 진보'에 있다. 우리는 AI를 통해 이전보다 더 지혜롭게 사고하고, 더 따뜻하게 연결되며, 더 자유롭게 창조하고, 더 정의롭게 공존할 수 있는 문명을 설계할 수 있다.

'AI와 인간'은 대립하는 개념이 아니라, 공존하고 상호 진보할 수 있는 가능성의 조합이다. AI는 인간의 창의성과 감수성을 확장할 수 있고, 인간은 AI를 통해 공동체적 지혜를 실현할 수 있다. 이 여정은 단선적이거나 기계적이지 않다. 혼란, 실수, 성찰, 조정, 그리고 협력이

동반되는 인간 중심 문명의 위대한 여정이다.

이제 우리는 물어야 한다.

우리는 어떤 문명을 만들 것인가? 어떤 가치를 중심으로 AI를 활용할 것인가? 그리고 우리는 어떤 인간으로 살아갈 것인가?

이 질문에 대한 해답을 함께 찾아가는 것이 바로, 『AI 인류혁명』이 우리에게 던지는 궁극적인 메시지다.

모든 선택은 우리에게 달려 있다. 이제 우리가 함께 묻고, 함께 설계하고, 함께 책임지자. 그것이 AI와 함께, 인간답게 사는 인류혁명, 인류를 위한 문명을 여는 첫걸음이다.

PART
7

AI 인류혁명 시대,
한국형 소버린 AI의 나아갈 길

CHAPTER 19

한국형 소버린 AI, AI 휴머니즘으로 K-이니셔티브 구현

CHAPTER 20

한국형 소버린 AI 개념과 발전 방향 및 나아갈 길

CHAPTER 19

한국형 소버린 AI, AI 휴머니즘으로 K-이니셔티브 구현

① 한국형 소버린 AI, 기술을 넘어 인간다움을 담아야 한다

AI 인류혁명 시대, AI의 발전 속도와 AI가 일상을 바꾸는 속도는 놀랍다. 그러나 더 중요한 질문은 "AI가 사람을 더 사람답게 만들고, 더 행복하게 하는가?"이다. 한국형 소버린 AI의 출발점은 바로 이 물음에서 시작되어야 한다.

인공지능 주권은 기술적 주권, 데이터 주권, 플랫폼 주권, 인프라 주권을 지향하는 소버린 AI(Sovereign AI)를 통해 실현될 수 있다. 한국형 소버린 AI는 여기에 더해, 인류의 미래를 함께 이롭게 한다는 홍익인간 이념을 설계와 운영의 근본 정신으로 삼아야 한다. 이는 K-AI 휴머니즘을 구현하여 인간다움을 강화하고 인간의 존엄과 인류의 행복을 중심에 두어 AI를 설계하고 운영하자는 비전이다.

이 비전을 구체화하기 위해서는 한국형 소버린 AI는 '인간다움'을 구현하는 다섯 가지 기둥을 강화하는 방향으로 발전해야 한다.

첫째, 인간의 자유의지와 자율성 강화이다. 인간에게 스스로 판단하고 행동할 자유는 본성이자 천부적 권리이다. AI는 인간의 결정을 조정하거나 강요하도록 하는 도구가 아니라, 인간이 더 잘 결정하도록 돕는 정보의 등불이어야 한다.

둘째, 인간의 개성적 창의성 강화이다. 모두가 같은 답을 내는 사회는 인간답지 못하고 발전하지 못한다. AI는 생각의 재료를 제공하고, 인간 개개인의 독창성을 끌어올리는 조력자가 되어야 한다.

셋째, 인간의 따뜻한 인성 강화이다. AI기술이 차갑다고 느껴지는 이유는 배려의 언어가 없기 때문이다. AI도 실수했을 때는 정중히 사과하고, 취약한 사람들에게 더 세심하게 안내하는 친절의 규칙을 내장하고 AI를 통해 사람들이 함께 나누고 배려하며 사랑하는 따뜻한 공동체 활동을 활성화할 수 있도록 도와야 한다.

넷째, 인간의 가치지향적 영성 강화이다. 빠른 속도와

효율만으로 인류는 행복할 수 없다. 공공선, 정의, 공동체의 의미를 함께 고민하는 가치의 나침반이 필요하다.

다섯째, AI 인류혁명 시대에 상기 네 가지 인간다움 특성을 강화토록 하는 데 가장 중요한 기둥은 인간의 주체성과 책임 강화이다. AI가 아무리 발전해도 항상 주체는 인간이 되어야 하며 모든 중요한 사항은 인간이 감독 결정하며, 최종 책임을 인간이 지도록 인간 스스로 인식해야 하며 또한 AI를 설계·운영해야 한다.

이 다섯 기둥을 지키기 위해, 한국형 소버린 AI는 인간 중심의 설계 원칙을 따라야 한다. 이를 통해 한국형 소버린 AI는 인간다움을 강화하여 인류의 행복에 도움이 되는 미래 AI의 표본이 되어 전 세계인이 믿고 사용할 수 있고 선호하는 K-AI로 자리매김할 수 있게 될 것이다.

② 한국형 소버린 AI, K-AI 휴머니즘으로 세계를 선도해야 한다

한국은 섬세한 언어와 예의, 높은 교육열, 촘촘한 디지털 인프라를 갖춘 나라이다. 여기에 홍익인간이라는 인류 보편의 가치를 품고 있다. 따라서 한국형 소버린 AI의 목표는 단순한 AI기술 경쟁으로 그치는 것이 아니라, 사람 중심의 AI 표준을 만들고 세계와 공유하고 선도하는 것이어야 한다. 세계인이 신뢰할 수 있는 AI의 기준은 AI 개발과 설계 및 운영에 있어 인간중심의 방향으로 합법과 동의를 지키고, 설명과 책임을 분명히 하며, 공정과 안전을 일상적 습관으로 만드는 것이다. 이 원칙을 한국형 소버린 AI가 지키면서 행정·교육·복지·산업 현장에서 구현해 나가면, 한국은 AI 휴머니즘의 선도국으로 자연스럽게 자리매김할 수 있다.

예를 들어 행정에서는 규정집 수만 권을 AI가 즉시 찾아서 대민 맞춤형으로 초안을 만들게 해 민원 처리 서비스의 질을 높이고 시간을 줄인다. 교육에서는 AI가 정답을 주는 대신 과정과 힌트를 개인 학습 수준에 맞게 제공해 학생의 자율적 학습을 돕는다. 복지에서는 AI가 여러 신호를 결합해 위기 가구와 홀로 어르신의 위험을 더 일찍 찾아내어 조치하도록 유도하여 사전에 예방하며, 안내는 누구나 쉽게 이해할 수 있도록 대상 맞춤형 형식으로 제공해 상호 존중의 경험을 더한다. 산업에서는 AI가 중소기업이 경량 모델과 온디바이스를 활용해 비용 부담 없이 자동화를 시도하고, 직원은 더 창의적인 업무에 집중하도록 돕는 역할을 한다.

이처럼 곳곳에서 AI 휴머니즘의 작은 성과가 모이면, 한국형 소버린 AI는 "빠르고 편리하다"를 넘어 사람을 존중하는 새로운 AI 기준을 세계에 제시하는 K-AI 휴머니즘으로 선호도가 높아지게 될 것이다.

③ 한국형 소버린 AI로 K-이니셔티브를 구현한다

이상과 같이 한국형 소버린 AI가 인간다움의 다섯 가지 기둥인 자유의지·자율성, 개성적 창의성, 따뜻한 인성, 가치지향적 영성, 인간 주체성과 책임을 실질적으로 강화하는 AI 휴머니즘을 구현할 때, K-AI는 자연스럽게 전 세계의 표본과 기준이 될 것이다.

사람을 먼저 두는 AI 개발과 설계, 투명한 운영, 합법적 개인정보 보호, 공정성과 설명가능성, 그리고 문제 발생 시 책임과 구제를 분명히 하는 절차가 한국형 소버린 AI의 일상적 표준으로 자리 잡을 때, 세계의 이용자와 기관은 한국형 소버린 AI를 "안심하고 쓸 수 있는 AI"로 신뢰하며 선호하게 된다.

우리는 이러한 신뢰의 방식을 AI 분야에 정립하고, 행정 · 교육 · 복지 · 산업 전반으로 빠르게 확산시켜야 한다. 누구나 바로 적용할 수 있는 K-AI 패키지(AI 모델+AI 가드레일+AI 운영 가이드)로 제공한다면, K-AI는 기술력뿐 아니라 사람을 존중하는 사용 경험으로 세계 표준이 될 것이다. 그 결과 한국은 AI의 올바른 개발과 사용 방향을 선도하는 K-이니셔티브를 구현하게 된다.

결론적으로, AI 인류혁명 시대에 한국형 소버린 AI가 인간다움을 더욱 강화하고 AI 휴머니즘을 실현해 나갈 때, K-AI는 전 세계의 신뢰를 얻고 전 세계인이 먼저 찾는 미래 AI의 표본이자 AI의 미래를 올바른 방향으로 선도하는 퍼스트무버가 된다. 이것은 인류의 미래를 위해 한국에게 주어진 소명이자 기회이다.

K-AI 휴머니즘으로 인류의 행복한 미래를 여는
AI 인류혁명 시대를 우리 함께 만들어 갑시다.

CHAPTER 20

한국형 소버린 AI 개념과 발전 방향 및 나아갈 길

한국형 소버린 AI의 개념과 특장점 및 발전 방향 그리고 기대효과와 나아갈 길을 AI 인류혁명 시대 K-AI 글로벌 경쟁력 강화와 미래 세상에서 인간다움의 길을 열어가도록 선도하는 관점으로 알기 쉽게 질의 응답 형식으로 제시한다.

① 한국형 AI를 정의한다면 무엇인가?

한국형 AI는 한국 사회·언어·규제를 전제로 설계·운영되는 "국가·산업 맞춤형 AI 생태계"를 뜻한다. 한국형 AI는 기술·데이터·플랫폼·인프라 주권을 포함한 인공지능 주권(소버린 AI)을 우리 법·제도, 한국어·문화, 행정·산업의 실제 수요에 맞게 통합 설계·학습·배포하는 국가형 AI 체계이다. 한국형 AI는 더 나아가 "널리 인간을 이롭게 한다"는 홍익인간의 이념을 설계와 운영의 근본 정신으로 삼아, 사람의 존엄과 행복을 중심에 둔 AI 휴머니즘을 구현하는 것을 목표로 해야 한다. 이러한 관점에서 한국형 AI는 한국 사회·언어·규제를 기반으로 '인간다움'의 특성인 인류의 자유의지·자율성, 개성적 창의성, 따뜻한 인성, 가치지향적 영성, 인간의 주체성과 책임을 강화하는 방향으로 K-AI를 개발, 설계, 운영하는 것을 의미한다.

② 한국형 AI가 글로벌 AI와 구분되는 핵심 차별점은 무엇이어야 하는가?

한국형 AI는 해외 범용 모델을 그대로 들여오는 대신, 국내 데이터와 공공 목적에 최적화된 주권형 운영을 선택한다. 예컨대 지자체의 행정용 거대언어모델(LLM) 인공지능은 우리 언어·규정·서식·표현까지 반영해 규정 검색·문서 초안·민원 챗봇을 돕는 등 현장에 맞춘 성과를 겨냥한다. 이렇게 축적된 현장 지식과 절차를 공통 체크리스트와 템플릿으로 표준화하면, 성공적 사례를 만들어 국내 다른 기관·도시로 쉽게 확산할 수 있다. 또한 AI 휴머니즘 구현을 목표로 함으로써 한국형 AI는 기술중심의 글로벌 AI와 구분되고 세계인인 믿고 사용할 수 있는 K－AI로 글로벌 경쟁력을 갖게 될 것이다.

③ 한국형 AI만의 기술적 강점이나 차별화 요소는 무엇인가?

한국형 AI는 한국의 반도체 기술과 하드웨어 및 소프트웨어 파워를 적용하여 한국어·한글에 정밀 적응한 AI 모델 역량과 AI온디바이스, 즉 AI스마트폰과 AI로봇 등 AI기기 내 장착이 강점이다. AI온디바이스는 개인정보의 외부 노출을 줄이고 빠른 서비스가 가능하여 공공·교육·복지 등 현장에서 AI 체감 품질을 높인다. 이 강점을 살리려면 "경량·고효율 AI 모델＋AI온디바이스 기능＋현장 AI어댑테이션"을 패키지로 보급하고, 정확도뿐 아니라 이해도·신뢰·공정 같은 인간 중심 지표를 함께 운영하는 AI문화가 중요하다.

④ 한국형 AI의 데이터 수집·관리·활용은 어떤 방식으로 이뤄져야 하나?

한국형 AI가 지향해야 하는 데이터 원칙은 합법·안전·투명이다. 합법적 수집(동의 필수·목적 최소화) → 가명처리·접근통제 등 보호조치 → 표준화·개방 → 학습·검증으로 이어지는 데이터 파이프라인을 기본으로 하고, 전 주기 개인정보 처리 가이드가 공개된 웹데이터 활용의 안전성을 제시해야 한다. 각 프로젝트는 데이터 출처와 보호조치를 정리한 규정을 사내외에 상시 공개해 실제로 신뢰를 쌓는 방식으로 가야한다. 이를 통해 한국형 AI는 신뢰할 수 있고 자신의 프라이버시를 침해할 위험이 적은 안전한 K–AI로 자리매김 할 수 있게 된다.

⑤ 한국형 AI 개발에서 데이터 주권 확보 추진 현황은?

한국은 국가 차원에서 개인정보 보호가 강력하고 데이터 위험기반 관리·신뢰성·데이터 접근·활용의 틀이 잡히고, 마이데이터 확대 등으로 합법·투명한 데이터 이동과 활용 기반이 넓어지고 있다. 다음 단계는 공공과 산업 데이터를 잇는 공통 용어·형식·API를 정착시켜, 학습, 평가, 배포로 이어지는 연결 표준을 완성토록 해야 한다.

⑥ 한국형 AI 개발 과정에서 고려되는 윤리 기준과 규제 방향은?

한국형 AI 개발의 큰 방향은 혁신 촉진+휴머니즘 구현이어야 한다. 한국형 AI는 인공지능 기술을 혁신적으로 발전시키되 목표는 AI로 인류의 인간다움을 강화하고 인류의 행복을 증진할 수 있는 방향으로 AI를 개발·설계·운영하는 것이 되어야 한다.

특히 고영향·생성형 AI에는 책임·투명성 의무를 부과하고, 수집·학습·평가·배포 단계마다 개인정보·저작권·저위험화 조치를 반영해야 한다. 그리고 AI 운영시 중요한 절차와 결정에는 항상 사람이 감독·승인하는 인간 참여형(HITL: Human-In-The-Loop)이 기본값이 되도록 설계되어야 한다.

⑦ 한국형 AI 윤리 기준과 규제는 국제 규범과 조화를 이룰 수 있는가?

한국형 AI는 유럽연합이 AI의 발전 및 광범위한 적용에 따른 윤리적, 법적, 사회적 영향에 대응하기 위해 마련한 포괄적인 AI 규제 프레임워크인 인공지능법(EU AI Act), 특히 범용 AI(GPAI: General Purpose AI) 규정, OECD AI 원칙과 UNESCO AI 윤리 권고와 1:1 매핑되는 AI 정합성 맵을 만들어, 한국형 AI 개발·설계 시부터 체크리스트·가드레일·증빙 문서가 해외 요구사항의 어떤 조항을 충족하는지 파악하고 투명하게 제시할 수 있어야 한다.

이렇게 하면 한국형 AI 프로젝트와 문서가 곧바로 수출 가능한 '신뢰 패키지'가 되며, 해외 조달·협력에서도 절차적 설득력이 커진다. 한편 AI윤리는 개발뿐만 아니라 사용자 차원에서도 중요하다. 이에 국제미래학회에서는 '인공지능 사용윤리 10계명'을 연구 발표하였고 이를 AI교육을 통해 사용자들이 주체성을 강화하면서 휴머니즘과 인간다움을 향상시키는 도구로 인공지능을 자신과 인류에게 유익한 용도로 사용하도록 확산하고 있다. 이러한 민관학의 AI의 윤리적 사용 확산에 대한 협력이 필요하다.

⑧ 국내 AI 반도체 개발과 한국형 AI 모델 간의 시너지는 무엇인지?

반도체와 AI는 AI 연산에 최적화된 인공지능 반도체가 AI 기술의 발전을 이끄는 핵심 기반이라는 점에서 밀접하게 연결되어 있다. 한국은 반도체 강국으로 인공지능의 핵심인 NPU(신경망처리장치로 학습 및 추론 등 인공지능 핵심기능을 위한 데이터 연산 처리를 저전력으로 고속 처리)의 국산 상용화와 HBM(AI의 핵심이 되는 고대역폭 메모리로, 높은 데이터 전송 속도와 에너지 효율을 제공하는 차세대 메모리 기술)의 경쟁적 강점이 결합되면서, AI모델 하드웨어의 공동 최적화가 본격화되고 있다.

이 흐름은 '한국 AI데이터+한국 AI칩+한국 AI모델'로 이루어진 패키지형 한국형 소버린 AI를 가능하게 하고, AI 전력·비용·지연을 동시에 낮추어 AI 분야의 글로벌 경쟁력을 강화시킨다.

⑨ 한국형 AI 생태계에서 중소기업과 스타트업이 참여하고 성장할 수 있는 환경은 어떻게 조성되고 있나?

한국은 민관 매칭형 팁스(TIPS)·K-Startup Grand Challenge 등으로 스타트업의 초기 투자+보육을 연계해 성장과 글로벌 진출을 돕고 있다. 그리고 정부는 2025년부터 2027년까지 약 2조 1,360억원을 투입해 글로벌 수준의 국산 거대언어모델(LLM)을 개발하는 '독자 AI 파운데이션 모델 프로젝트'를 추진하는 '국가대표 AI' 5개 팀을 2025년 8월 선정하여 지원하고 있다.

2025년 국가대표 AI 선정 팀은 네이버클라우드, 업스테이지, SK텔레콤, NC AI, LG AI연구원이며, 데이터·인재·GPU 등 대규모 지원을 받아 글로벌 경쟁력을 갖춘 한국형 AI를 개발토록 지원한다.

이는 대기업·중소기업·스타트업이 힘을 합쳐 만드는 K-AI 생태계의 성장 모델이기도 하다. 예를 들면 LG AI연구원 컨소시엄에는 이스트소프트, 이스트에이드, 한글과컴퓨터, 뤼튼테크놀로지스, 퓨리오사AI 등 대·중소·스타트업이 함께 참여해 'K-EXAONE' 개발과 산업 적용을 추진한다. 이는 대기업의 모델·인프라와 중소기업과 스타트업의 빠른 서비스화 역량이 상호 보완되는 연합 모델로, 한국형 소버린 AI 생태계의 협업 가능성을 보여주는 사례이다.

⑩ 행정, 교육, 복지 등 공공서비스에서 한국형 AI를 활용하는 대표적인 시범사업은 무엇이 있나?

우리나라는 행정, 교육, 복지 등 공공서비스 전반에서 한국형 AI를 접목한 시범사업을 추진 중이다. 행정 분야에서는 서울시의 '디지털 플랫폼 서울'을 통해 맞춤형 공공서비스를 사전 안내하고 신청까지 지원하는 체계를 마련했다. 교육 분야에서는 학습자의 수준을 분석해 개별 학습 경로를 제안하는 AI 기반 맞춤형 학습 진단·튜터링 시범사업이 운영되고 있다.

복지 분야에서는 AI 취약계층 초기 상담 시스템을 통해 위기가구를 조기에 발굴하고, 디지털 바우처 사업으로 디지털 복지 모델을 실험하고 있다. 또한 정부는 'AI+X 프로젝트'를 통해 의료, 치안, 제조, 에너지 등 핵심 분야에서 AI 활용 모델을 실증하고 있다. 보안과 행정 영역에서는 한국형 양자내성암호(PQC) 시범전환

사업을 추진하여 미래 보안 체계 전환을 준비하고 있다.

이처럼 한국형 AI 시범사업은 행정 효율화, 교육 격차 해소, 복지 사각지대 최소화, 국가 보안 강화 등 국민 체감형 서비스 혁신을 지향하고 있다. 이런 시범은 모델+가드레일+운영 가이드로 묶은 K-AI 패키지로 정식화해 전국 단위로 확산하는 것이 효과적이다.

⑪ 한국형 AI가 세계 시장에서 경쟁력을 확보하기 위해 필요한 조건과 전략은?

한국형 AI가 세계 시장에서 경쟁력을 확보하기 위해서는 다음의 네 가지 전략이 필요하다.

첫째, AI 비즈니스 모델 개발에서 한국어와 외국 언어를 아우르는 다국어 초거대 언어 모델로 의료·전자정부·교육·복지·스마트제조·콘텐츠 등 한국의 강점 산업에 특화된 AI 비즈니스 모델을 개발 육성해야 한다.

둘째, AI 하드웨어에서 세계적 반도체 역량을 바탕으로 AI 전용 반도체 강화와 친환경 슈퍼컴퓨팅 인프라를 확보하여 독자적 AI 인프라 기반을 마련해야 한다.

셋째, AI 서비스는 행정·교육·복지·콘텐츠 같은 생

활밀착형 분야에서 일반을 대상으로 성과를 축적하고, 의료·스마트제조·전자정부 등 산업 특화형 B2B·B2G 모델로 해외 수출을 확대해야 한다.

넷째, AI 지향 가치에서 한국형 AI는 휴머니즘을 기반으로 인간 존엄성과 창의성, 공동체적 가치를 우선하는 개발·설계·운영 원칙을 확립하여 신뢰할 수 있는 글로벌 AI 브랜드 이미지를 구축해야 한다. 한국형 AI는 기술·산업적 경쟁력과 더불어 인간다움을 강화하는 인간 중심의 가치 지향을 균형 있게 추진할 때 세계 시장에서 지속 가능한 리더십을 확보할 수 있다.

⑫ 한국형 AI를 지속해서 발전시키기 위해 필요한 인재 양성·교육 정책은?

한국형 AI의 지속적 발전을 위해서는 AI 전문 인재 양성과 국민 전체의 AI 활용 역량 강화가 동시에 추진되어야 한다. 대학은 AI 이론과 윤리를 기반한 AI 원천 기술 개발과 분야별 AI 활용 전문 교육, 기업은 실무 프로젝트와 최신 도구 활용한 AI 응용 체험, 연구기관은 AI 기술 심화와 국제 협력 교육을 담당하는 산학연 AI 인재 양성 협력 체계가 필요하다. 이를 통해 학문과 산업과 연구 현장을 아우르는 각 영역에서 필요한 실질적 AI 전문가를 배출할 수 있다.

동시에 학생, 직장인, 교사, 공무원, 학부모, 주부, 어르신, 종교인, 시민 등 다양한 계층을 위한 맞춤형 AI 활용교육이 확대되어야 한다. 국제미래학회 인공지능 글로벌교육원이 운영하는 AI 교육 프로그램은 좋은 사례이다. 대표적으로 '챗GPT 인공지능 지도사 과정'은 교육자들의 AI 활용 지도와 교육 역량을 함양하고, '인공지능 활용역량 검증 과정'은 학생들과 일반 국민 및 직장인의 AI 활용 능력을 공식 인증하며, '인공지능 마에스트로 과정'은 창의예술·미디어 분야의 최고 수준 AI 활용을 교육한다. 이 외에도 국제미래학회 인공지능 글로벌교육원은 직장인 비즈니스 AI 과정, 청소년 AI 과정, 교사 수업 혁신 AI 과정, 소상공인 AI 마케팅 과정, 공공기관 행정 활용 과정, 크리스천 AI 미디어선교사 과정, 학부모 AI 과정, 실버 두뇌건강 AI과정 등 총 12개 AI 활용 역량 과정이 진행되고 있다. 결국 한국형 AI 발전의 핵심은 전문가와 국민 모두를 아우르는 AI 인재 전략이며, 이를 통해 한국은 AI 기술과 AI 활용 역량을 겸비한 세계적 AI 강국으로 도약할 수 있다.

⑬ 향후 5~10년 내 한국형 AI의 발전 방향과 기대 효과는?

향후 5~10년 내 한국형 AI는 기술 경쟁력과 휴머니즘 가치를 동시에 구현하는 방향으로 발전해 나가야 한다. 한국은 AI 발전의 핵심 동력이 되는 반도체, 인재 교육, 인프라, 국민 수용도, 정부지원 제도에서의 강점을 통해 세계적 경쟁력을 갖추도록 강화해야 한다.

예를 들어 반도체 분야에서는 HBM, PIM, NPU와 같은 차세대 AI 칩을 통해 전력 효율과 비용 혁신을 이루며 글로벌 시장을 선도할 수 있도록 해야 한다.

교육에서는 초·중·고 단계의 AI 교과 필수화와 AI 튜터 도입, 대학과 전문대학의 산학연 연계 현장 맞춤형 프로그램으로 현장 실무형 AI 인재를 양성할 수 있도록 혁신해야 한다. 또한 교육의 모든 단계에서 AI 선용을 통해 인문적 휴머니즘 기반으로 인성과 영성 품성을 강화해야 한다.

AI 인프라는 강력한 유무선 인터넷망과 스마트 시스

템 그리고 소버린 클라우드와 국가 데이터 스페이스를 중심으로 편리성 및 안전성과 신뢰성을 보장할 수 있도록 해야 한다.

AI 국민 수용도는 재난 조기경보 시스템, AI 치매 조기 진단, 자율주행 대중교통 등 생활 밀착형 서비스 확산 및 시민참여형 거버넌스와 전국민 AI 활용 교육으로 AI 수용도와 활용도가 더욱 높아지도록 해야 한다. 정부는 국가대표 AI 제도뿐만 아니라 AI 스타트업과 중소기업 지원, 소상공인 AI 서비스 지원, 국민 AI 활용 교육 지원 등 전 국민 AI 지원 제도로 AI 국가 경쟁력을 강화하고 AI의 안전성, 설명가능성, 책임성을 제도화하여 글로벌 신뢰를 얻을 수 있도록 해야 한다.

이를 통해 AI 인류혁명 시대에 한국은 산업적으로 AI가 제조·의료·교육·환경 등 다양한 분야에서 생산성과 효율성이 크게 향상 되도록 기여할 것이다.

사회적으로는 AI가 교육 격차 해소, 의료 서비스 혁신, 재난 대응과 환경 보호에 기여할 수 있다.

이 과정에서 한국형 AI는 홍익인간 정신을 바탕으로 AI 휴머니즘을 구현하여 AI기술이 인간 존엄과 공동선을 실현하는 도구가 되도록 할 수 있다. 그 결과 한국형

AI는 단순한 기술 경쟁을 넘어 AI휴머니즘과 신뢰를 중시하여 AI 인류혁명 시대에 인간다움의 길을 여는 인류의 미래를 위한 세계적 AI 표본이 될 것이다.

이를 통해 한국형 AI는 AI 인류혁명 시대의 올바른 방향을 제시하는 AI 퍼스트무버, 즉 K-AI 휴머니즘으로 자리매김하면서 K-이니셔티브를 견인할 수 있게 된다.

AI 인류혁명 시대, 한국형 소버린 K-AI 휴머니즘으로
인간다움의 길을 여는 인류의 미래를 위한
K-이니셔티브를 구현합시다.

APPENDIX

부록

1. 국제미래학회

2. 인공지능 글로벌교육원 AI 교육 프로그램

국제미래학회

_www.gfuturestudy.org

국제미래학회는 세계적인 미래학자 30명이 직접 방한 참석하여 제롬글렌 밀레니움프로젝트 회장과 김영길 한동대 총장이 초대 공동회장을 맡고 국내외 전문영역별 미래학자 100여명이 함께 참여하여 2007년 10월 국내에 본부를 두고 설립된 국제적인 학회이다. 2011년부터 제2대 총장으로 이남식 서울예술대 총장이 회장을 맡았고 2019년 안종배 한세대학교 교수(미래창의캠퍼스 이사장)가 제3대 회장으로 취임하였다.

국제미래학회는 '미래의 다변화 사회에 대응하기 위하여 사회 전반을 아우르는 과학 · 기술 · 정치 · 경제 · 인문 · 사회 · 환경 · ICT · 미디어 · 문화 · 예술 · 교육 · 직업 등 제 분야에 대한 미래예측 및 변화에 대한 연구와 미래 교육을 수행함으로써 미래 사회를 대비하고 지속적인 성장과 발전에 기여함'을 목표로 삼고 있다.

국제미래학회는 제롬글렌, 티모시 맥, 짐 데이토, 호세 코르데이로, 피터 비숍, 조나단 트렌트, 토마스 프레이, 시르카 하이노넨, 브룩 힌즈만 등 해외의 세계적인 미래학자 60여 명이 함께 동참하고 있으며 이들을 국내에 초청하여 미래학과 미래연구의 확산을 위한 노력을 경주해 왔다. 또한 100여 회에 걸쳐 국제미래학 학술포럼과 컨퍼런스를 개최하여 주요 영역별 미래 예측과 미래 발전 전략을 발표해 왔다.

국제미래학회는 현재 60여 명의 국내 · 국제자문위원, 그리고 학술위원회를 포함한 8개의 직무위원회와 70여 개의 전문영역별 연구위원회로 구성되어 있고 국내외의 저명한 학자와 전문가 500여명이 함께 하고 있다.

국제미래학회는 학회 위원들이 공동 저술하여 국내 최초의 26개 영역별 글로벌 미래예측 연구 결과로서 "미래가 보인다, 글로벌 2030"(박영사)을 출간하였고 40여 개의 "전략적 미래예측방법론 바이블"을 연구하고 저술하여 문화체육관광부 우수학술도서로 선정되었다. 또한 한국의 미래를 예측하고 미래 발전 방안을 제시한 "대한민국 미래보고서"를 출간 2016년 문체부 추천 우수교양도서로 선정되었다. 또한, 57명의 석학들이 미래 대응을 위한 교육혁신 방안을 연구하여 "대한민국 미래교육보고서"를 2017년 저술하여 문화체육관광부 우수학술도서로 선정되었고, 2018년엔 "대한민국 4차산업혁명 마스터플랜", 2019년엔 "4차산업혁명 대한민국 미래성공전략", 2020년엔 국내 최초의 미래학 기본서 "미래학원론(박영사)", 2021년엔 "인공지능이 바꾸는 미래세상과 메타버스", 2022년엔 '인공지능 메타버스 시대 미래전략'을 저술하여 개인, 기업, 국가의 미래 대응 방안과 미래전략 방안을 제시하였다.

2023년엔 국내 최초의 챗GPT-4 인공지능 활용법 안내서인 "챗GPT-4 인공지능 미래세상", 2024년엔 인류의 새로운 문명사적 변화를 담은 "인류혁명 문명대변혁"(박영사), 2025년 영문판 "Human Revolution"을 출간, 인류와 지구의 지속가능한 미래 발전 방안을 제시하였다. 2025년부터 AI 인류혁명 총서를 시리즈로 저술 출간하여 인공지능이 몰고 오는 미래가 인류에게 재앙이 아니라 행복한 방향으로 나아갈 수 있도록 대응 방안과 실천 지침을 제시하고 있다.

또한 국내 최초 미래형 오픈캠퍼스 교육기관인 〈미래창의캠퍼스〉를 전국 주요 지역과 온라인에 개설 '4차산업·미래전략 최고지도자 과정', '인공지능 메타버스 미래 최고위과정', 'ESG 미래전략 콜로키움', '미래대학 콜로키엄', '미래지도사' 자격과정, '미래예측전략전문가' 자격과정, '스마트 메타버스 전문가' 자격과정, '챗GPT 인공지능 활용법' 과정을 포함한 70여개의 미래형 교육과정을 진행하고 있다.

그리고 2023년 1월부터 '인공지능 글로벌교육원'을 개설하였고 전국적으로 국내 유일의 '챗GPT 인공지능 지도사 자격 과정', '인공지능 활용 역량 검정 자격 과정', '인공지능 마에스트로(AI 거장) 자격 과정' 등 12가지 AI 전문 활용 교육을 개설 진행하고 있다. 최근엔 AI 교육을 강화하여 '교수, 학생, 교사, 직장인, 학부모, 여성 리더, 창업자, 크리에이터' 등 다양한 대상층이 AI가 몰고 오는 인류혁명 시대에 인공지능을 윤리적 기반으로 효과적으로 잘 활용하여 미래를 선도할 수 있도록 기여하고 있다.

한편 급변하는 미래 환경에서 지속가능한 국가 발전을 위한 국가 미래전략을 입안하여 국민의 미래 일자리 창출과 행복한 삶의 질을 높이는 데 기여하기 위한 '국가미래발전 기본법'을 입안하고 발의하였고 제정을 위해 노력하고 있다. 그리고 대한민국 인공지능포럼을 결성하여 매월1회 '인공지능 미래사랑방'을 개최하여 석학들이 국가와 인공지능과 메타버스의 건강한 발전을 위한 지혜를 나누고 있다.

또한 미래학과 미래전략 연구 중심기관으로 〈미래창의연구원〉을 제주도 애월 해변에 개원하여 국내와 해외의 주요 미래 연구기관과 연계하고 협력하면서 인공지능으로 급변하는 세계와 대한민국 및 지역의 미래 발전을 위한 미래 연구를 진행하고 있다.

또한 국제미래학회는 제주도의 150여 기관·협단체 대표들과 함께 제주세계미래발전포럼을 결성하여 제주도와 대한민국의 미래 발전을 위한 다양한 활동을 전개하고 있다.

국제미래학회는 전 세계 미래학자와 미래연구기관의 미래 연구 발표 축제인 '세계미래대회' 개최와 '세계미래 AI메타 도서관'을 적극 추진하고 있다.

세계미래대회(World Futures Congress)는 국내에 전 세계 미래학자와 각국의 미래 싱크탱크의 수장, 세계의 유수 대학 총장과 미래문화예술가 및 미래세대 리더들을 초청하여 매년 미래 연구 결과를 발표하고 토의하며 인류와 세계의 주요 미래 아젠다를 바람직한 방향으로 해결할 수 있는 미래 전략 방안을 모색하여 제안하는 글로벌미래컨퍼런스와 미래첨단기술과 제품을 최초로 시연하는 미래첨단전시회와 미래문화예술 공연으로 구성된다.

우수한 미래 연구 결과와 미래 기술 및 미래 제품과 문화예술 발표와 바람직한 인류와 세계의 미래 전략 방안에 공헌한 미래학자와 미래연구자, 미래예술가, 미래 리더 및 싱크탱크를 모든 참여자의 투표로 선정하여 매년 세계미래대상으로 포상한다. 세계미래대회 발표

내용과 의제 결과 및 세계 각국의 미래연구기관 미래 연구 결과를 '세계미래AI메타도서관'에서 시공을 초월하여 지속적으로 공유한다.

한편 국제미래학회는 AI 휴머니즘 혁신을 선도하여 인간 중심의 인공지능 기술과 비즈니스 혁신으로 인간의 삶 향상을 선도하는 퍼스트무버가 되도록 동기부여하여 꿈과 희망이 있는 대한민국을 만들어 가고자 '대한민국 인공지능 혁신대상'(www.aiaward.or.kr)을 제정하여 기업과 기관 및 개인 대상으로 수여하고 있다.

또한 AI윤리와 인성 및 정직을 주제로 전국 최대 규모의 'AI윤리 인성 클린콘텐츠 정직 UCC 공모전'을 클린콘텐츠국민운동본부 등과 공동 주최하여 아름다운 미래 세상을 만들기 위한 공모전과 캠페인을 2009년부터 매년 진행하고 있다.

국제미래학회 사무국
서울시 종로구 삼봉로 81(수송동) 두산위브파빌리온 1126호
02-501-7234
future@cleancontents.org
www.gfuturestudy.org
미래창의연구원: 제주시 애월읍 고내리 884-1. 101-503

인공지능 글로벌교육원 AI 교육 프로그램

인공지능 글로벌교육원
AI Global Education Center

인공지능 글로벌교육원은 AI 윤리를 기반으로 AI 활용 역량을 체계적으로 함양할 수 있는 다양한 교육 프로그램과 자격증 제도를 마련하여 진행하고 있습니다.

주요 교육 과정

1. **챗GPT 인공지능 지도사 과정**: 인공지능을 윤리적이고 올바르게 지도하고 활용할 수 있는 전문 인력을 양성하는 과정으로, 챗GPT 인공지능 지도사 1급 자격을 취득할 수 있습니다.

2. **학부모 인공지능 교실**: 학부모들에게 인공지능에 대한 이해와 자녀 교육에 AI를 어떻게 활용할 수 있는지에 대해 교육하며, 이를 통해 가정에서 AI 활용의 중요성과 윤리적 접근법을 배웁니다.

3. **여성 인공지능 지도자 과정**: 여성 맞춤형 AI 활용 교육 과정으로 여성의 입장에서 필요한 AI 활용 역량을 함양할 수 있습니다.

4. **인공지능 활용역량 검증 과정(AIQ Test)**: 학생들이 인공지능을 올바르게 활용할 수 있는 능력을 검증하고 인증하는 프로그램으로, 개인의 AI 활용 능력을 공식적으로 인증받을 수 있습니다.

5. **비즈니스 인공지능 활용 과정**: 직장인과 스타업들의 비즈니스 업무에 AI를 활용하는 역량을 함양하는 과정입니다.

6. **실버 두뇌건강 AI 지도사 과정**: 실버 어르신들이 실제 생활에 AI를 활용하는 역량과 두뇌 건강이 활성화하도록 두뇌운동을 지도하는 역량을 함양하는 과정입니다. 챗GPT 인공지능 지도사와 두뇌운동 지도사 자격증을 취득 가능합니다.

7. **AI 마에스트로(AI 거장) 과정**: 인공지능을 활용한 AI 영화 및 애니메이션 감독, AI 뮤직비디오 감독, AI 광고영상 감독, AI디지털 아트 영상 전문가 역량을 함양하여 AI 마에스트로 활동하고자 하는 전문가를 양성하는 과정입니다.

8. **AI 매직 창의 인성 지도사 과정**: 인공지능과 매직(마술)을 활용하여 창의와 인성 교육을 지도할 수 있는 지도사를 양성하는 과정입니다.

9. **인공지능 스마트 농축산어업 교육 과정**: 인공지능 스마트 기술을 활용한 농·축·수산업의 디지털 전환 역량 강화, AI 기반 데이터 분석 및 자동화 기술을 통한 생산성·품질 향상을 기하는 과정입니다.

10. **인공지능 목회 선교 지도사 과정**: 한국기독교AI위원회와 협력하여, 인공지능을 목회와 선교 활동에 선용할 수 있도록 선도하고 교육할 수 있는 지도자를 양성하는 과정입니다.

11. 크리스천 AI 미디어선교사 과정: AI를 신앙적 가치와 연계하여 활용하는 방법을 배우는 과정으로, 기독교적인 맥락에서 AI를 선용하는 방법을 배워 AI미디어선교사 역할을 담당하게 하는 과정입니다.

12. 인공지능 윤리 지도 및 AI윤리 주제 클린콘텐츠 영상제작 과정: 인공지능 개발·활용·교육에서 중요한 인공지능 윤리를 체계적으로 학습하고 AI 활용 고급 영상 제작 역량을 함양하여 AI윤리 주제 영상을 제작하여 확산하는 과정입니다.

참고문헌

국내 문헌

과학기술일자리진흥원, 〈인공지능(빅데이터) 시장 및 기술 동향〉, 2019

국경완, '인공지능 기술 및 산업 분야별 적용 사례', IITP ICT신기술 리포트, 2019

국제미래학회, 〈글로벌 2030 미래가 보인다〉, 박영사, 2013

국제미래학회, 〈대한민국 4차 산업혁명 마스터플랜〉, 광문각, 2017

국제미래학회, 〈대한민국 미래보고서〉, 교보문고, 2015

국제미래학회, 〈인공지능 메타버스 미래전략〉, 박영사, 2022

국제미래학회, 〈전략적미래예측방법론 바이블〉, 두남, 2014

국제미래학회, 한국교육학술정보원, 〈대한민국 미래교육보고서〉, 광문각, 2017

금융보안원 보고서, '설명 가능한 인공지능(eXplainable AI, XAI) 소개', 2018.3.23.

김영광, 〈챗GPT로 만나는 내:일〉, 풀빛, 2023

김윤정, 유병은, '인공지능 기술 발전이 가져올 미래 사회 변화', R&D INL, KISTEP, 2020

김재인, 〈AI 빅뱅〉, 동아시아, 2023

김진형, 〈AI 최강의 수업〉, 매일경제신문사, 2020

노구치 류지, 〈AI 시대, 문과생은 이렇게 일합니다〉, 시그마북스, 2020

마이크로소프트, 〈인공지능으로 변화될 미래〉, Microsoft, 2018

박영준, '인공지능을 활용한 몰입형 경험(Immersive Experience)', ETRI Insight, 2019

박진, '인공지능과 민주 정치', 대한민국 인공지능포럼, 2021

반병현, 〈챗GPT : 마침내 찾아온 특이점〉, 생능북스, 2023

변순용, 이연희, 〈인공지능 윤리하다〉, 어문학사, 2020

아이작 아시모프, 〈로봇과 제국(Robost & Empire)〉, 1985

안종배, '4차 산업혁명에서의 교육 패러다임의 변화', EBS (2017)

안종배, '4차산업혁명 인공지능시대 차세대 교육의 과제와 전망', 미래목회포럼, 2020

안종배, '4차산업혁명시대 교육 패러다임 변화', 국제미래학회 대한민국 미래교육 정책세미나, 2017

안종배, '대한민국 4차산업혁명 마스터플랜', 국제미래학회 4차산업혁명 정책세미나, 2018

안종배, '대한민국 미래 변화 동인', 국제미래학회 미래 메가컨퍼런스, 2016

안종배, '미디어의 미래', 국제미래학회 창립기념 국회 심포지엄, 2007

안종배, 〈Human Revolution〉, Park Young, 2025

안종배, 〈미래학원론〉, 박영사, 2020

안종배, 미래 미디어 발전 로드맵과 기술, ETRI, 2007

안종배, 〈스마트미디어시대 방송통신 정책과 기술의 미래〉, 진한 M&B, 2012

안종배, 〈스마트시대 콘텐츠마케팅론〉, 박영사, 2012

안종배, 〈인공지능이 바꾸는 미래세상과 메타버스〉, 광문각, 2021
안종배, 〈인류혁명 문명대변혁〉, 박영사, 2024
안종배, 〈챗GPT－4 인공지능 미래세상〉, 광문각, 2023
안종배, 노규성, 〈퓨처어젠다, 미래예측2030〉, 광문각, 2019
안종배, 장영권, 〈대한민국 4차산업혁명 성공전략〉, 광문각, 2018
엘빈 토플러, 〈누구를 위한 미래인가〉, 청림출판, 2012
엘빈 토플러, 하이디 토플러 저, 김중웅 역, 〈부의 미래〉, 청림출판, 2006
용왕식, 장철, 배인호, 안창호, 유기봉, 〈헬스케어 인공지능〉, 북스타, 2020
이길영, 〈홀로그램(Hologram) 기술의 이해와 서비스 사례〉, 정보통신산업진흥원, 2019
이승훈, '최근 인공지능 개발 트렌드와 미래의 진화방향', LG경제연구원, 2017.12
임 언, 안재영, 권희경, 〈인공지능(AI) 시대의 직업 환경과 직업교육〉, 한국직업능력개발원, 2017
임채린, '인공지능과 트롤리 딜레마', Right Brain Lab 블로그, 2018.7.20
임홍순, 곽병권, 박재훈, 〈인공지능 인사이트〉, 한국금융연수원, 2020
자크 아탈리, 〈미래 대예측〉, 세종연구원, 2018
정용균, 〈인공지능과 인간의 협업 시대가 왔다〉, 율곡출판사, 2020
제롬 글렌, '스마트 ICT의 미래', 국제미래학회 국제 미래학 학술

포럼, 2012
조나단 트렌트, 'IT와 BT 융합 혁신산업의 미래와 역할', 국제미래학회 국제 미래학 학술포럼, 2013
조동성, '인공지능이 묻고 인간이 답한다', 대한민국 인공지능포럼, 2021
존 나이스빗(John Naisbitt), 〈메가트렌트 2000〉(Megatrend 2000), 2000
커즈와일, 〈특이점이 오고 있다(Singularity is near)〉, 2005
클린콘텐츠국민운동본부, '인성 클린콘텐츠 스마트쉽 UCC 공모전', 2019
토마스 프레이 저, 이미숙 역, 〈미래와의 대화〉, 북스토리, 2016
토마스 프레이 저, 이지민 역, 〈에피파니 Z〉, 구민사, 2017
토마스 프레이, '미래 기술 메가트렌드', 국제미래학회 국제 미래학 학술포럼, 2013
프랑스 전략연구소(France Strategie), '인공지능의 경제적, 사회적 영향 전망', 2017
한국정보화진흥원, '인공지능 발전이 가져올 2030년의 삶', NIA Special Report, 2016.4.
한국지능정보사회진흥원, 〈세계가 주목하는 인공지능 스타트업〉, IT & Future Strategy, 2020
한선관, 류미영, 김태령, 〈AI사고를 위한 인공지능교육〉, 성안당, 2021
호세 코르데이로, '로봇산업의 미래', 국제미래학회 국제 미래학 학술포럼, 2011

호세 코르데이로, '세상을 움직이는 미래 기술', 국제미래학회 국제 미래학 학술포럼, 2013

활명화, 〈스마트 국토 도시 관리를 위한 인공지능기술 도입 방안 연구〉, 국토연구원, 2018

KAKAO AI REPORT, '카카오의 인공지능 윤리', 카카오, 2018

해외 문헌

EC, 'The Knowledge Future : Intelligent policy choices for Europe 2050' (2015)

John Launchbury, 'A DARPA Perspective on Artificial Intelligence', DARPA, 2017

Kurzweil, R. The Singularity is Near, Viking, 2005

McKinsey Global Institute, 'Artificial Intelligence—The Next Digital Frontier?', 2017

MIT Technical Review, 5 Big Predictions for Artificial Intelligence in 2017 (2017)

Stanford University, 'Artificial Intelligence and Life in 2030' (2016)

사이트

https://www.gfuturestudy.org

https://www.aiaward.or.kr

https://chat.openai.com/chat

http://www.openai.com

https://openai.com/dall-e-2

http://www.gfuturestudy.org

http://www.cleancontents.org

http://www.altfutures.org

https://futureoflife.org/ai-principles

http://www.kisdi.re.kr

http://www.kdi.re.kr

http://www.altfutures.org

http://www.cleancontents.org

https://www.gfuturestudy.org

http://www.ibm.com

http://www.irobotnews.com

http://foresightstrategiesgroup.com

http://www.futures.hawaii.edu

http://future.tku.edu.tw

https://futures.kaist.ac.kr

http://www.futureoflife.org

https://futureoflife.org/ai-principles

http://www.houstonfutures.org

https://news.samsung.com

http://www.wfs.org

http://www.kisa.or.kr

http://www.nia.or.kr

http://www.sciencetimes.co.kr

http://www.wfsf.org

http://www.millenium-project.org/millenium

http://www.foresight-platform.eu

http://www.stepi.re.kr

http://www.foresight.kr

http://www.koreafutures.net

http://www.korea2050.net

http://www.kisdi.re.kr

http://www.kdi.re.kr

http://futures.hawaii.edu

http://www.unu.edu

http://www.worldfuture.org

저자소개

안종배
국제미래학회 회장/대한민국 인공지능포럼 회장/한세대학교 교수
이메일 연락처: daniel@cleancontents.org
사이트: www.gfuturestudy.org

주요 연구 영역
미래학, 인공지능, AI 교육, AI 윤리, 미래윤리, 미래 교육,
스마트 콘텐츠, 미래 목회선교, 디지털마케팅

학 력: Ph.D(디지털 박사)
서울대학교 졸업, 연세대 언론홍보대학원1기, 경기대 대학원,
미시건주립대 대학원 졸업, UCLA 디지털미디어콘텐츠 Post과정

현 직
국제미래학회 회장 / 대한민국 인공지능포럼 회장
인공지능 글로벌교육원 이사장 / 한세대학교 미디어영상학부 교수
대한민국 인공지능 혁신대상 조직위원장
클린콘텐츠국민운동본부 회장
미래창의캠퍼스 / 미래창의연구원/탐나라공화국 미래창의대학 이사장
국회미래정책연구회 운영위원장
전국기독교수연합회 대표회장
미래목회포럼 정책자문위원
한국기독교AI위원회 공동위원장

경 력
호서대 벤처대학원 교수
대통령직속 4차산업혁명위 2기 혁신위원
대한적십자사 대의원 및 자문위원
언론중재위원회 중재위원
국민권익위원회 자문위원
LG 브랜드 교체 글로벌캠페인 디렉터

포 상

2019 서울과학종합대학원 4T 최고위 올해의 자랑스런 동문상

2015 국무총리상 포상, 자랑스런 한세인상 수상

2014 아시아 태평양 스티비상 대상 수상

2013 대한민국 인물 대상(한국언론인총연대, 미주한인언론인연합회)

2013 대한민국학술원 우수학술 저술(스마트시대 콘텐츠마케팅론)

2011 대한민국 커뮤니케이션 대상 여성가족부 장관상

2011 정보문화 대상 행정안전부 장관상

주요 저서

AI 인류혁명 총서(박영사) 2025년

Human Revolution(Park Young) 2025년

인류혁명 문명대변혁(박영사) 2024년

챗GPT-4 인공지는 미래세상(광문각) 2023년

인공지능 메타버스 시대 미래전략(박영사) 2022, 대한민국 명품도서 대상

인공지능이 바꾸는 미래 세상과 메타버스(광문각) 2021년

미래학원론(박영사) 2020년

퓨처 어젠다, 미래예측 2030(광문각) 2019년

4차산업혁명시대 대한민국 미래 성공전략(광문각) 2018년

대한민국 4차산업혁명 마스터플랜(광문각) 2017년

제4차산업혁명시대 대한민국 미래교육보고서(광문각), 2017년 문체부 우수도서

대한민국 미래보고서(교보문고) 2016년 문체부 세종도서 선정

전략적 미래예측방법론 바이블(도서출판 두남): 2015년 문체부 우수학술도서

스마트폰 마이스터 되기- 스마트폰 200% 활용법, 2014년(진한 M&B)

건강한 UCC 제작과 SNS 사용법, 2013년(진한 M&B)

미래가 보인다, 글로벌 미래 2030, 2012년(박영사)

스마트시대 콘텐츠 마케팅론(박영사): 2013년 대한민국 학술원 우수학술 도서 선정

스마트시대 양방향방송광고 기획과 제작, 2009년(학현사)

나비효과 디지털마케팅(2004년) / 나비효과 블로오션 마케팅(미래의 창) 2005년

AI 인류혁명 총서 1

AI 인류혁명

초판발행 2025년 9월 20일
증보판발행 2025년 10월 1일

지은이 안종배
펴낸이 안종만 · 안상준

편 집 전채린
기획/마케팅 박세기
표지디자인 이수빈
제 작 고철민 · 김원표

펴낸곳 (주) 박영사
서울특별시 금천구 가산디지털2로 53, 210호
(가산동, 한라시그마밸리)
등록 1959. 3. 11. 제300-1959-1호(倫)
전 화 02)733-6771
f a x 02)736-4818
e-mail pys@pybook.co.kr
homepage www.pybook.co.kr
ISBN 979-11-303-9710-8 03300

정 가 10,000원